50 TEORÍAS FILOSÓFICAS
INTELECTUALMENTE ESTIMULANTES

AMPERE
VOLT

GUÍA BREVE

50 TEORÍAS FILOSÓFICAS
INTELECTUALMENTE ESTIMULANTES

Colaboradores
Julian Baggini
Kati Balog
James Garvey
Barry Loewer
Jeremy Stangroom

BLUME

Barry Loewer

BLUME

Título original 30-*Second Philosophies*

Texto de glosarios y perfiles Tom Jackson
Ilustraciones Ivan Hissey
Diseño James Hollywell, Les Hunt, Linda Becker
Traducción Eva María Cantenys Félez
Revisión de la edición en lengua española
Dr. Nemrod Carrasco Nicola
Facultad de Filosofía
Universidad de Barcelona
Coordinación de la edición en lengua española Cristina Rodríguez Fischer

Primera edición en lengua española 2010
Reimpresión 2011, 2012, 2013
Nueva edición en rústica 2016
Reimpresión 2018

Carrer de les Alberes, 52, 2.º, Vallvidrera
08017 Barcelona
Tel. 93 205 40 00 e-mail info@blume.net

East Sussex, Reino Unido

I.S.B.N.: 978-84-9801-973-5

Impreso en China

WWW.BLUME.NET

CONTENIDO

PRÓLOGO

Stephen Law

La filosofía plantea lo que a veces se ha denominado las «grandes cuestiones». Entre éstas se incluyen las relacionadas con la moral («¿Qué hace que las cosas sean moralmente correctas o incorrectas?»); sobre lo que podemos saber, en el caso de que podamos saberlo («¿Puede saber si el mundo que le rodea es real y no una realidad virtual generada por ordenador?»); sobre la naturaleza de la existencia humana («¿Es usted su cerebro? ¿Tenemos alma?»); y sobre la naturaleza de la realidad («¿Por qué existen las cosas?»).

La religión plantea muchas de esas preguntas; pero aunque la filosofía y la religión coinciden en parte en las cuestiones que tratan, difieren en su enfoque para responderlas. Mientras que la fe y la revelación constituyen el fundamento de las creencias religiosas, la filosofía pone énfasis en la razón, en aplicar nuestra inteligencia con el fin de desentrañar las respuestas lo mejor posible.

Se cree que Sócrates dijo: «La vida que no es examinada no vale la pena vivirla». Es una afirmación contundente, incluso demasiado. Supongamos que alguien se consagra desinteresadamente a ayudar y enriquecer las vidas de sus amigos, de su familia y de su comunidad. Entonces no se puede decir que esa persona haya vivido una existencia sin valor simplemente porque nunca se preocupó de tomar distancia y plantearse una pregunta filosófica.

Dicho esto, no tengo ninguna duda de que cierto contacto con la filosofía puede ser valioso. El tipo de habilidades que la filosofía potencia, tales como reconocer una falacia lógica, o plantear una idea de manera sucinta y con precisión, son el tipo de habilidades «transferibles» que los empresarios valoran. Ciertos conocimientos de filosofía también nos pueden ayudar a construir unas robustas defensas críticas y a inmunizarnos contra las artimañas de histriónicos charlatanes y embaucadores. Pero no es la única razón por la cual puede valer la pena un poco de reflexión filosófica.

Tanto si somos conscientes de ello como si no, todos poseemos creencias filosóficas. La existencia de Dios es una creencia filosófica, del mismo modo que su no existencia. Que el bien y el mal no son sólo una cuestión de opinión subjetiva es una creencia filosófica, al igual que la de que sí lo son. Muchos de nosotros pasamos por la vida sin percatarnos de que poseemos creencias filosóficas, y mucho menos nos las cuestionamos. Usted se puede preguntar: «¿Qué importancia tiene si nos planteamos tales cuestiones o dejamos de hacerlo? Al fin y al cabo, las creencias y las vidas de aquellos que reflexionan sobre ellas no son muy diferentes de las creencias y de las vidas de aquellos que no lo hacen. Entonces, ¿por qué tomarse la molestia?». Quizá porque la vida no examinada no es una vida escogida libremente siendo consciente de las alternativas, sino un surco arado de manera descuidada.

Si esto no logra convencerle de que un poco de filosofía no es malo, no por ello deja de ser cierto el hecho de que, sea buena o no para usted, la filosofía es divertida. En estas páginas encontrará las ideas más cautivadoras, más ingeniosas, más asombrosas, y a veces inquietantes, que jamás la humanidad haya albergado. Sumérjase en ellas y descúbralas.

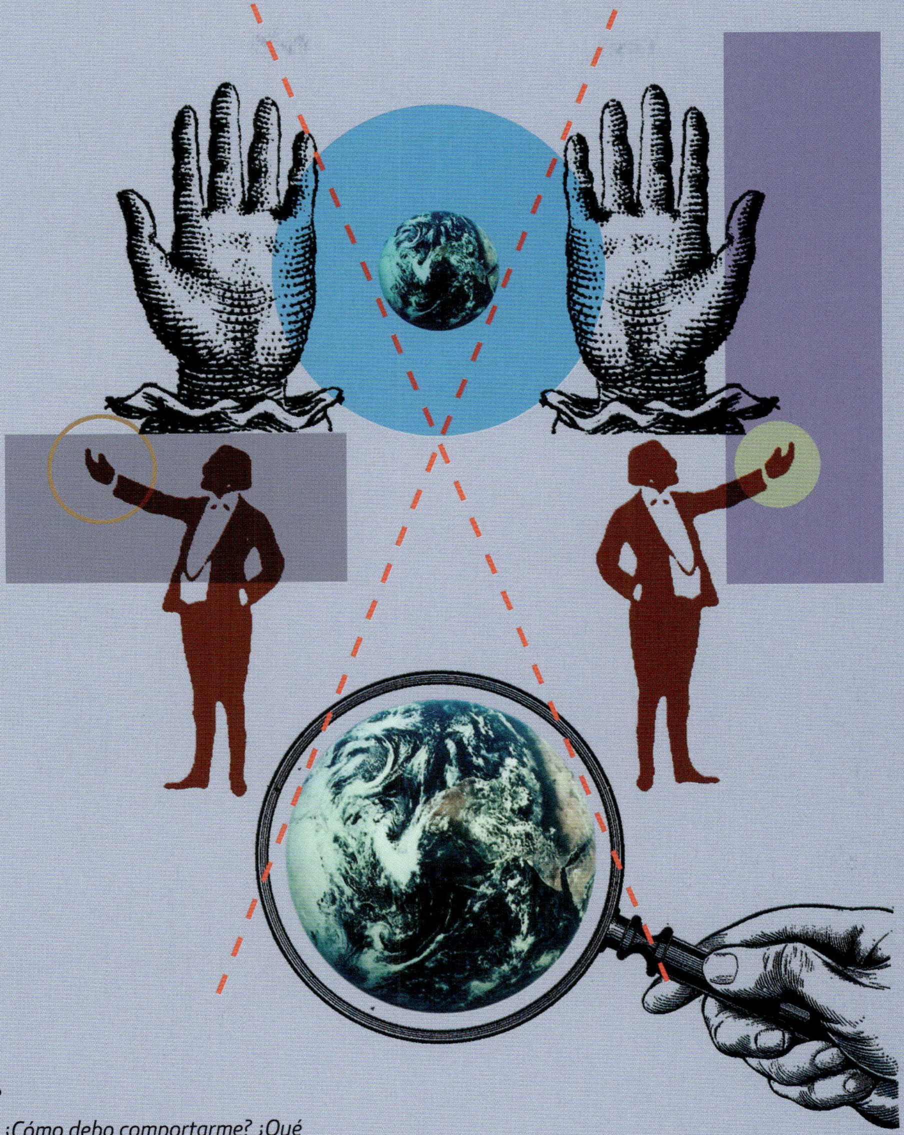

¿De qué se trata?

¿Dios existe o no? ¿Cómo debo comportarme? ¿Qué es real? ¿Cómo sabemos que sabemos? En este libro, destacados escritores filosóficos activarán sus procesos de pensamiento con un curso intensivo de comprensión de los fundamentos del entendimiento.

Idealismo platónico

Las «grandes cuestiones» comenzaron a plantearse con los grandes filósofos griegos. Según Platón, todo lo que existe en el mundo es un reflejo de su verdadera forma ideal que existe fuera de él. Platón comparó esta experiencia a las sombras parpadeantes de los objetos reflejados en la pared de una caverna por la luz del fuego de una hoguera (véase *página 120*).

INTRODUCCIÓN

Barry Loewer

La Filosofía intenta llegar al fondo de las cosas al hacer preguntas y proponer respuestas. En la base de la ciencia, por ejemplo, se encuentran cuestiones como: «¿Cuáles son los objetivos de las ciencias?», «¿Qué es el método científico y por qué funciona?», «¿Qué es una ley científica?», «¿Qué es el tiempo?», etcétera. Los científicos generalmente no se detienen a considerar el fondo de preguntas como éstas, dado que están demasiado ocupados con la ciencia en sí. Pueden aceptar, implícita o explícitamente, determinados puntos de vista sin planteárselos. Reflexionar sobre la base de las cuestiones y desarrollar relaciones sistemáticas de los fundamentos de la ciencia está reservado a los filósofos de la ciencia.

Otras ramas de la filosofía se ocupan de los fundamentos de la ética, del arte, de la religión, de la matemática, de la psicología, del lenguaje y del pensamiento en general. De hecho, para cada materia y cada empresa humana hay una filosofía que profundiza en sus fundamentos. Las ramas generales de la filosofía son la ontología (se ocupa de lo que es), la epistemología (analiza cómo y cuánto podemos saber sobre lo que es) y la ética (estudia lo que deberíamos hacer con lo que es).

Los filósofos han estado reflexionando sobre el fondo de las cuestiones durante al menos 2.500 años. Comenzó con los grandes filósofos griegos Sócrates, Platón y Aristóteles, y continúa hasta el presente, una época en que la mayoría de los filósofos, aunque no todos, son también profesores universitarios. La filosofía ha ido evolucionando a través de los siglos en una especie de conversación entre los filósofos de todos los tiempos. Por ejemplo, la cuestión «¿Qué es el conocimiento?» fue planteada por los griegos, sus respuestas fueron discutidas por los filósofos medievales, y, a su vez, éstas fueron debatidas y ampliadas por Descartes, Leibniz y Hume en los siglos XVII y XVIII. Un filósofo contemporáneo que se plantee esta cuestión tendrá un ojo puesto en la historia y otro en lo que opinen sus contemporáneos. En el transcurso de esta conversación en continua evolución han surgido muchos problemas, posturas y paradojas. En esta obra encontrará ejemplos de los mismos.

CÓMO CONVERTIRSE EN FILÓSOFO EN (ALGO MÁS DE) 30 SEGUNDOS

Barry Loewer

Si es escéptico respecto a la idea de poder convertirse en filósofo en 30 segundos, entonces ya ha dado un primer paso para ser uno de ellos. El escepticismo y la inclinación a cuestionar son aspectos centrales de la filosofía. Si cuestiona sus propias creencias (y las de otros) con la mente abierta, comprenderá mejor en lo que cree, cuáles son sus conceptos y, por tanto, se conocerá mejor a sí mismo. Aunque no es posible que se convierta en filósofo, excepto que ya lo sea, sólo leyendo este libro, puedo plantearle algunas de las cuestiones que le conducirán a serlo.

La mayoría de nosotros asumimos que debemos mantener nuestras promesas. Pero, ¿es esto siempre cierto? Porque, ¿qué ocurre si Burt promete devolverle a Hilary su pistola, pero se entera de que ésta tiene la intención de utilizarla para disparar a Willard? ¿Burt debería devolverla? Supongamos que usted piensa: «No, en este caso no». Si es así, su próximo paso filosófico puede que sea buscar un principio general que especifique cuándo deben mantenerse las promesas y cuándo no. Tal vez crea que la regla correcta es: «Mantenga una promesa, salvo si hacerlo puede causar daño a alguien». (Pero esto tampoco es correcto, puesto que mantener su promesa de ser fiel a su esposa puede hacer daño a su amante.)

A continuación, cuestiónese: «¿Por qué deberíamos obedecer ésta o cualquier otra regla ética propuesta?». Algunas personas piensan que tendríamos que obedecer las reglas éticas porque Dios lo ordena. Pero incluso si usted cree en la existencia de Dios, esto no sería correcto, puesto que, como Sócrates habría dicho, no es correcto mantener una promesa porque Dios lo ordena, sino que Dios lo ordena porque es correcto. Entonces, ¿por qué es correcto? Si investiga lo que los filósofos han opinado sobre esta cuestión durante los últimos 2.500 años, descubrirá que existen muchas discrepancias.

Algunos individuos llegan a la conclusión de que reflexionar sobre estas cuestiones es una pérdida de tiempo, porque nunca se llegará a un acuerdo. Pero unas cuantas personas se sienten estimuladas por el proceso del cuestionamiento, pensar en respuestas tentativas, cuestionar de forma más profunda, etcétera. Aunque no resolvamos muchas de estas cuestiones, el proceso nos aproxima a comprendernos a nosotros mismos.

Reflexionar sobre ello
Si ya se está cuestionando por qué existe este libro, entonces está en camino de convertirse en filósofo.

AMPERE
VOLT

LENGUAJE Y LÓGICA

LENGUAJE Y LÓGICA
GLOSARIO

conclusión Afirmación que un razonamiento pretende demostrar. En el razonamiento (1) Todos los hombres son mortales; (2) Sócrates es un hombre; (3) Por consiguiente, Sócrates es mortal, (3) es la conclusión.

deducción Inferencia a partir de una proposición general hasta una conclusión particular. Por ejemplo, todos los caracoles comen lechuga; este objeto es un caracol, por consiguiente, este objeto come lechuga.

descripción definida Expresión que distingue a una persona, un lugar o un objeto, por ejemplo, «El último hombre de pie».

forma lógica Se revela a través de un análisis de la estructura lógica oculta que subyace en la sintaxis superficial de las proposiciones, según algunos filósofos. Bertrand Russell, por ejemplo, sostenía que podemos sortear determinados problemas asociados a la alusión a algo que no existe analizando la forma lógica oculta de determinadas expresiones oscuras.

inducción Inferencia a partir de muchas afirmaciones particulares hasta una afirmación general, u otras afirmaciones particulares. Por ejemplo, este caracol come lechuga, ese caracol come lechuga; aquel otro también, etcétera, por tanto, todos los caracoles comen lechuga.

inferencia Movimiento mental desde las premisas a la conclusión. A veces se utiliza como sinónimo de «razonamiento».

lógica Estudio de la inferencia. La lógica misma tiene muchas ramas y manifestaciones, desde la lógica informal (que examina la estructura de la argumentación en las lenguas naturales) hasta la lógica formal (el estudio de la estructura de la inferencia puramente formal y abstracta), pasando por el estudio de materias tales como el razonamiento matemático, la modalidad, la informática, las falacias, la probabilidad y muchas otras.

paradoja Implica determinada clase de tensión entre dos proposiciones que parecen lógicamente verdaderas. El problema surge con frecuencia cuando unas proposiciones contradictorias parecen deducirse lógicamente de otra cosa que se supone cierta.

predicado Parte de una proposición que atribuye algo al sujeto. Aquello que se afirma o asevera del sujeto. Por ejemplo, en la proposición «Sócrates está borracho», «borracho» es el predicado.

premisa Afirmación propuesta para apoyar una conclusión. En el razonamiento (1) Todos los hombres son mortales; (2) Sócrates es un hombre; (3) Por consiguiente, Sócrates es mortal, (1) y (2) son premisas.

razonamiento Conjunto de premisas ofrecidas en apoyo de una conclusión. Por ejemplo: (1) Todos los hombres son mortales; (2) Sócrates es un hombre; (3) Por tanto, Sócrates es mortal.

referencia Objeto al que alude una expresión, según algunos filósofos del lenguaje y algunos lógicos. Por ejemplo, la referencia «Mark Twain» es la persona real Mark Twain.

sentido Significado cognitivo de una expresión, o la manera en que algo se expresa, según algunos filósofos del lenguaje y algunos lógicos. Por ejemplo, las expresiones «Mark Twain» y «Samuel Clemens» hacen referencia al mismo objeto, a exactamente la misma persona. La diferencia entre las expresiones, por tanto, tiene relación con sus distintos sentidos.

sujeto Parte de la proposición a la que se le atribuye algo. Por ejemplo, en la proposición «Sócrates está borracho», «Sócrates» es el sujeto.

validez Forma en que las premisas y las conclusiones se relacionan lógicamente en razonamientos logrados. Si las premisas son verdaderas y el razonamiento es válido, entonces la conclusión tiene que ser verdadera.

LOS SILOGISMOS DE ARISTÓTELES

filosofía en 30 segundos

Hace más de 23 siglos, Aristóteles advirtió que en determinadas inferencias es imposible que sus premisas sean verdaderas y sus conclusiones falsas. Un ejemplo es la deducción a partir de «Todos los hombres son mortales» y «Todos los mortales temen a la muerte» de que «Todos los hombres temen a la muerte». En la lógica moderna, tales inferencias se dice que son deductivamente válidas. Aristóteles descubrió que la validez de una deducción depende no de su tema, sino sólo de la forma de las premisas y la conclusión. Todas las inferencias con la forma «Todas las Efes son Ges, y Todas las Ges son Haches, por consiguiente, todas las Efes son Haches» son válidas. Describió una serie de dichas formas, que se denominan *silogismos*. Hasta el siglo XIX, la materia de la lógica se basaba en gran medida en los silogismos de Aristóteles. Pero sólo son una pequeña parte de todas las inferencias válidas, y no incluyen muchos de los patrones de deducción válida que se utilizan en la ciencia y la matemática. En 1879, Gottlob Frege concibió una caracterización mucho más general de la inferencia válida, que es suficiente para representar el razonamiento matemático y científico. Una derivación del sistema de Frege, denominada *lógica de primer orden con identidad*, en la actualidad generalmente se considera que es capaz de representar teorías y pruebas matemáticas, y se enseña a todos los estudiantes de filosofía.

COMENTARIO EN 3 SEGUNDOS

Una inferencia es válida si es imposible que sus premisas sean verdaderas y su conclusión falsa.

PENSAMIENTO EN 3 MINUTOS

En el siglo XX, se demostraron dos grandes resultados matemáticos relativos a la lógica de primer orden: es completa e indecidible. Kurt Gödel demostró que es posible programar un ordenador para que haga una lista de todas las inferencias válidas (completitud), y Alonzo Church demostró que es imposible programar un ordenador para determinar si cada inferencia es válida o no (indecibilidad).

TEMAS RELACIONADOS

véase también

LA PARADOJA DE RUSSELL Y EL LOGICISMO DE FREGE
página 18

MINIBIOGRAFÍAS

ARISTÓTELES
384–322 a. C.

GOTTLOB FREGE
1848–1925

KURT GÖDEL
1906–1978

ALONZO CHURCH
1903–1995

TEXTO EN 30 SEGUNDOS

Barry Loewer

Para Aristóteles era lógico: somos seres humanos, somos mortales, y, por consiguiente, tememos a la muerte. ¡Muchas gracias, Aristóteles!

LA PARADOJA DE RUSSELL Y EL LOGICISMO DE FREGE

filosofía en 30 segundos

Bertrand Russell ideó una paradoja profunda y desconcertante cuando leyó el sistema lógico de Gottlob Frege. Éste creía que podía definir todos los conceptos matemáticos y demostrar todas las verdades matemáticas solamente a partir de principios lógicos. El punto de vista de que la matemática se puede reducir a la lógica de esta forma se denomina *logicismo*. Si Frege hubiera demostrado la verdad del logicismo, hubiera sido uno de los grandes logros de la historia de la filosofía. Pero su versión del logicismo no tuvo éxito. Uno de los principios de la lógica que se utiliza para demostrar la existencia de los números, las funciones y otros objetos matemáticos es: para cada predicado «es F (P)» existe un conjunto de cosas que son F. He aquí dos ejemplos: «es un número primo» determina el conjunto de números {2, 3, 5, 7, 11...} y «es un conjunto» determina el conjunto de todos los conjuntos. En 1903, Russell demostró que (P) es autocontradictorio gracias al siguiente razonamiento: consideremos el predicado «no es un miembro de sí mismo». Con (P) existe un conjunto de conjuntos, que llamaremos R, que no son miembros de sí mismos. ¿Es R un miembro de sí mismo? Si lo es, entonces no lo es, y si no lo es, entonces lo es. ¡Una contradicción! Fue un golpe devastador para Frege y el logicismo.

COMENTARIO EN 3 SEGUNDOS

El conjunto de todos los conjuntos que no son miembros de sí mismos es, en sí mismo, a la vez miembro de sí mismo y no miembro de sí mismo.

PENSAMIENTO EN 3 MINUTOS

He aquí una paradoja que implica un razonamiento similar al de Russell: «Hay un barbero que afeita a todos aquellos y sólo a aquellos que no se afeitan ellos mismos». Si el barbero se afeita a sí mismo, entonces no se afeita él mismo, y si no lo hace, entonces lo hace. Esta paradoja es fácil de resolver, sencillamente aceptando que no puede existir un barbero semejante. Frege no podía aceptar una forma análoga para los conjuntos, puesto que había utilizado su principio para demostrar la existencia de conjuntos requeridos por la matemática.

TEMAS RELACIONADOS

véase también
LOS SILOGISMOS DE ARISTÓTELES
página 16

MINIBIOGRAFÍA

BERTRAND RUSSELL
1872–1970

TEXTO EN 30 SEGUNDOS

Barry Loewer

Aquel que afeita a los barberos, ¿afeita menos o más que nadie? En cualquier caso, ¿hay alguien que esté pensando en dejarse crecer la barba?

384 a. C.
Aristóteles nace en Estagira, Macedonia

367 a. C.
Se traslada a Atenas y se convierte en miembro de la Academia de Platón

347 a. C.
Abandona Atenas para trasladarse primero a Assos, en Asia Menor, a continuación a Lesbos, y después a Macedonia, donde instruyó al futuro Alejandro Magno

334 a. C.
Regresa a Atenas y funda el Liceo

323 a. C.
Se ve forzado a abandonar Atenas para trasladarse a Calcis, en Eubea

322 a. C.
Muere

ARISTÓTELES

Sería difícil exagerar la importancia de Aristóteles en la historia de la filosofía. Además de formalizar las reglas de la deducción, emprendió una labor innovadora en los campos de la ética, la política, la metafísica, la biología, la física, la psicología, la estética, la poesía, la retórica, la cosmología, la matemática y la filosofía de la mente.

Aristóteles nació en 384 a. C, en la ciudad macedonia de Estagira, que en la actualidad forma parte del norte de Grecia. Era hijo de Nicómaco, quien era médico de la corte del rey de Macedonia, que le envió a Atenas en 367 a. C., donde formó parte de la Academia de Platón, y donde permaneció durante 20 años, primero como estudiante y más tarde como profesor. Tras la muerte de Platón en 347 a. C., Aristóteles abandonó Atenas, para dirigirse finalmente a Macedonia, donde fue profesor del futuro Alejandro Magno. Después regresó a Atenas y fundó su propia escuela, el Liceo o Escuela peripatética (muy probablemente se la llamó así porque Aristóteles enseñaba mientras paseaba a lo largo de las galerías cubiertas del Liceo). Aristóteles permaneció en Atenas hasta que surgieron problemas en 323 a. C., cuando un sentimiento antimacedonio estalló en la ciudad y se presentaron cargos de «impiedad» contra él. Después de insistir en que no iba a permitir que los atenienses «pecaran dos veces contra la filosofía», abandonó Atenas para trasladarse a la ciudad de Calcis, donde falleció al año siguiente a causa de una dolencia digestiva a la edad de 63 años.

Desgraciadamente, sabemos menos de las circunstancias en las que Aristóteles creó las grandes obras que de su vida. Lo más probable es que la mayoría de los tratados escritos por él que se han conservado no estuvieran pensados para publicarlos, sino que fueron recopilados y editados por sus sucesores a partir de apuntes de clase. Esto explica en parte por qué son difíciles de leer: están repletos de lenguaje técnico, de discusiones detalladas, de inconsistencias y de *lacunae*. Su obra, no obstante, perdura como uno de los logros culminantes del mundo clásico, y probablemente no tiene parangón por su importancia para el desarrollo de la disciplina filosófica.

LA TEORÍA DE LAS DESCRIPCIONES DE RUSSELL

filosofía en 30 segundos

Bertrand Russell afirmaba que la referencia de una expresión es su significado. En principio, consideró que el sentido de una descripción definida, por ejemplo, «el actual rey de Francia», era un objeto en particular, en este caso un rey determinado. Pero en aquellos tiempos Francia no tenía rey, de modo que Russell supuso que debía existir de algún modo, aunque no lo pudiéramos encontrar en nuestro mundo. En su momento, Russell pensó que se trataba de demasiada ontología para poderla digerir y propuso su teoría de las descripciones para evitarla, mientras se aferraba a la idea de que una referencia es un significado. Su idea es que «el actual rey de Francia» carece por sí mismo de sentido, pero cualquier oración en la que esta frase aparezca se puede traducir en otra en la que no se incluya. «El actual rey de Francia es calvo» se traduce como «Sólo hay un único actual rey de Francia, y es calvo». Si esto es correcto, entonces la oración principal con la descripción definida es falsa. Russell afirmaba que la segunda oración revelaba la forma lógica de la primera. Puesto que la frase «el actual rey de Francia» no aparece en esta oración, no es necesario que exista un rey en particular para que ésta tenga significado.

COMENTARIO EN 3 SEGUNDOS

La forma lógica de la afirmación: «El actual rey de Francia es calvo» viene dada por: «Sólo hay un único actual rey de Francia, y es calvo».

PENSAMIENTO EN 3 MINUTOS

La teoría subyacente de Russell consiste en la idea de que una oración tiene una «forma lógica» que hace que su significado y su lógica sean fácilmente entendibles. Esta idea fue muy influyente en los filósofos y lingüistas posteriores, incluidos Ludwig Wittgenstein y Noam Chomsky.

TEMAS RELACIONADOS

véase también
EL ROMPECABEZAS DE FREGE
página 24
LA TEORÍA FIGURATIVA DEL LENGUAJE DE WITTGENSTEIN
página 138

MINIBIOGRAFÍAS

BERTRAND RUSSELL
1872–1970

LUDWIG WITTGENSTEIN
1889–1951

NOAM CHOMSKY
1928–

TEXTO EN 30 SEGUNDOS

Barry Loewer

Diga lo que diga Bertrand Russell, indudablemente éste no es el actual rey de Francia. Sólo lleva la corona para cubrirse la calva.

EL ROMPECABEZAS DE FREGE

filosofía en 30 segundos

En sus escritos tempranos sobre el lenguaje, el gran lógico Gottlob Frege afirmaba que el significado de un nombre es su referencia. Por ejemplo, el significado del nombre «Mont Blanc» es la propia montaña. Sin embargo, en escritos posteriores, Frege arguyó que dos nombres pueden tener la misma referencia y, no obstante, diferir en significado. Razonó que si el significado de un nombre es sólo su referencia, y dos nombres tienen la misma referencia, entonces no debería suponer ninguna diferencia para el significado de una oración cuál de los nombres aparezca en ella. Puesto que «Héspero» y «Eósforo» son nombres del planeta Venus, (1) «Héspero es Eósforo» y (2) «Héspero es Héspero» deberían tener el mismo significado. Pero Frege observó que sí difieren en cuanto a significado, dado que (1) expresa un descubrimiento astronómico importante, mientras que (2) es una trivialidad. La explicación de por qué difieren en significado es el rompecabezas de Frege. La solución de Frege es que el significado de un nombre no es sólo su referencia, sino también su sentido. El sentido de un nombre es una condición que distingue a un individuo (si lo hay) que cumple dicha condición como referencia del nombre. Frege afirma que «Héspero» y «Eósforo» tienen diferentes sentidos que distinguen la misma referencia. Esto, según él, explica cómo (1) puede ser una oración informativa, mientras que (2) es una trivialidad. Gran parte de la filosofía del lenguaje del siglo XX conlleva una discusión acerca de la noción de sentido de Frege.

COMENTARIO EN 3 SEGUNDOS

Si «Héspero» y «Eósforo» son sólo diferentes nombres para la misma cosa (el planeta Venus), ¿cómo es posible que «Héspero es Eósforo» y «Héspero es Héspero» difieran en significado?

PENSAMIENTO EN 3 MINUTOS

Muchos filósofos consideran que la noción de sentido es oscura. El lógico Saul Kripke afirmaba que los nombres propios no tienen sentido. Según él, la referencia de un nombre propio no está determinada por un sentido, sino por una cadena de usos del nombre, que se inicia al ponérselo a un individuo determinado. Así, podemos utilizar el nombre «Tales» para referirnos a determinado filósofo presocrático, aunque no sepamos nada de él, mientras tomemos un nombre que se haya utilizado para referirse a él.

TEMAS RELACIONADOS

véase también
LA PARADOJA DE RUSSELL Y EL LOGICISMO DE FREGE
página 18
LA TEORÍA DE LAS DESCRIPCIONES DE RUSSELL
página 22

MINIBIOGRAFÍA

GOTTLOB FREGE
1848–1925

TEXTO EN 30 SEGUNDOS

Barry Loewer

Usted dice Eósforo, yo Héspero. Resolvamos la cuestión llamándolo Venus.

EL TEOREMA DE GÖDEL

filosofía en 30 segundos

El teorema de Gödel es el resultado más profundo de la lógica matemática. Se cree que tiene importantes consecuencias filosóficas para los límites del conocimiento y de la naturaleza de la mente. En el sistema de la lógica moderna es posible expresar afirmaciones aritméticas, por ejemplo: «Para cualquier pareja de números n y m, $n + m = m + n$». También se pueden escribir axiomas (denominados *axiomas de Peano*), a partir de los cuales son demostrables muchas verdades matemáticas. Surgió la cuestión de si se pueden demostrar, a partir de estos axiomas, todas las verdades aritméticas, sin demostrar afirmaciones falsas. Kurt Gödel respondió a esta cuestión negativamente. Primero, descubrió una codificación mediante la cual las afirmaciones aritméticas también tienen una interpretación sobre ellas mismas y lo que se puede demostrar a partir de varios axiomas. Después, encontró una afirmación aritmética (K) que dice bajo la codificación que «(K) no es demostrable». Razonó que si (K) es demostrable, entonces los axiomas demuestran una afirmación falsa. Pero si (K) no se puede demostrar, entonces es una afirmación verdadera, y existe una verdad que los axiomas no demuestran. No sólo existen verdades aritméticas que no son demostrables a partir de los axiomas de Peano, sino que, además, los axiomas verdaderos excluirán algunas verdades como no demostrables. A esto se le llama *teorema de incompletitud de Gödel.* Parece establecer un límite respecto a lo que los matemáticos son capaces de saber.

COMENTARIO EN 3 SEGUNDOS

En cualquier teoría matemática existen afirmaciones verdaderas que no pueden demostrarse.

PENSAMIENTO EN 3 MINUTOS

Algunos filósofos, así como el físico Roger Penrose, han afirmado que el teorema de Gödel demuestra que nuestros cerebros no funcionan como ordenadores. Gödel demostró que, para un sistema de axiomas, la afirmación de que el sistema es coherente no se puede demostrar mediante el propio sistema. De modo que, si nuestras mentes funcionaran como un ordenador, no podríamos reconocer que somos coherentes. Pero, puesto que reconocemos nuestra propia coherencia, nuestras mentes no funcionan como ordenadores.

TEMAS RELACIONADOS

véase también
LA PARADOJA DEL MENTIROSO DE EPIMÉNIDES
página 28

MINIBIOGRAFÍAS

KURT GÖDEL
1906–1978

ROGER PENROSE
1931–

TEXTO EN 30 SEGUNDOS

Barry Loewer

Incluso sustituyendo su cerebro por un ordenador, Kurt fue incapaz de desentrañar las verdades incognoscibles.

R12
R10
R11
GRN.
T2
R13
RED
GRN.
BLK
C3
R5
R7
C5
V1
GRN.
R4
R6
C4
RS
MR
ON

LA PARADOJA DEL MENTIROSO DE EPIMÉNIDES

filosofía en 30 segundos

Epiménides fue un filósofo cretense del siglo VI a. C., célebre por haber afirmado: «Todos los cretenses son mentirosos». Si su afirmación es verdadera, entonces está mintiendo y lo que dijo es falso. Se trata de una versión antigua de lo que ha llegado a conocerse como «la paradoja del mentiroso». Una versión contemporánea se basa en «1. La oración 1 no es verdadera». Si la oración 1 es verdadera, entonces no lo es, y si no es verdadera, entonces lo es. La paradoja surge porque parece formar parte del significado de «ser verdadero» que, ahí donde S pueda ser caulquier oración, se pueda deducir válidamente la verdad de «S» a partir de S y también la verdad de S si, y sólo si «S» es verdadera. A partir de 1 podemos deducir tanto que S es verdadera como que no lo es. ¡Una paradoja! La respuesta más famosa a la paradoja del mentiroso la formuló el lógico Alfred Tarski, que distinguía entre el lenguaje (L) y el metalenguaje (ML), en la que podemos referirnos a oraciones de L. Es posible definir «es verdadera en L» en ML sin que se trate de una paradoja.

COMENTARIO EN 3 SEGUNDOS

Esta oración es falsa.

PENSAMIENTO EN 3 MINUTOS

El concepto de verdad es demasiado importante para la filosofía y el pensamiento científico como para ignorarlo, por lo que han existido muchas tentativas para resolver la paradoja del mentiroso. La idea de Tarski niega que haya un único concepto de verdad aplicable a todos los lenguajes. Otros filósofos han respondido restringiendo las inferencias «S» si y sólo si S es verdadera, y algunos incluso han desarrollado lógicas en las que determinadas contradicciones son aceptables.

TEMAS RELACIONADOS

véase también
EL TEOREMA DE GÖDEL
página 26

MINIBIOGRAFÍAS

EPIMÉNIDES
siglo VI a. C.

ALFRED TARSKI
1901–1983

TEXTO EN 30 SEGUNDOS

Barry Loewer

¿Quién de ustedes dijo: «La verdad rara vez es pura y nunca es simple»? Fuera quien fuese, es un mentiroso.

LA PARADOJA DEL MONTÓN DE EUBULIDES

filosofía en 30 segundos

Con un peso de 100 kilos, Harry es un hombre obeso. No dejará de estar gordo aunque pese 99,999 kilos. Por tanto, cualquier hombre con el mismo peso que Harry también será obeso: una fracción de una onza, o de un gramo, nunca puede marcar la diferencia entre estar obeso o delgado. Pero, si esto fuera cierto, entonces alguien que pese 99,998 kilos también es obeso, y también alguien que pese 99,997 kilos, etcétera. Usted seguirá afirmando que una fracción de una onza, o de un gramo, no puede marcar la diferencia entre obeso y delgado cuando compare a una persona que pese 40 kilos con una que pese 39,999 kilos. Pero esto es absurdo: alguien que pese 40 kilos no se puede considerar obeso. De ahí la paradoja: una serie de pasos lógicamente irrebatibles en apariencia nos conducen a una conclusión manifiestamente falsa. Pero ni la lógica ni la observación tienen errores evidentes. Ésta es una versión de la paradoja del montón de Eubulides, donde un argumento similar demostraba que un montón seguiría siendo un montón aunque contuviera un solo grano de arena, siempre y cuando los granos se retiraran uno por uno.

COMENTARIO EN 3 SEGUNDOS

No se hace una montaña con un grano de arena.

PENSAMIENTO EN 3 MINUTOS

¿Qué nos demuestra esta paradoja? ¿Que conceptos como obeso y delgado son imprecisos, por lo que es un error tratarlos como si fueran cuestiones factuales a las que se aplican definidamente? ¿O es que, en contra del razonamiento, existe una rígida frontera entre obeso y delgado, entre un montón y una pequeña pila, y si la sobrepasamos en un solo grano o en 1 gramo, la descripción correcta cambia?

MINIBIOGRAFÍA

EUBULIDES
siglo IV a. C.

TEXTO EN 30 SEGUNDOS

Julian Baggini

El trayecto de la delgadez a la obesidad y viceversa empieza con un solo gramo.

-2
-3
-4
-5
-6
-7
-8
-9
-10
-11
-12
-13
-14
-15
-16
-17
-18
-19
-20
-21
-22
-23
-24

CIENCIA Y EPISTEMOLOGÍA

CIENCIA Y EPISTEMOLOGÍA
GLOSARIO

deducción Inferencia a partir de una proposición general hasta una conclusión particular. Por ejemplo, todos los caracoles comen lechuga, este objeto es un caracol, por consiguiente, este objeto come lechuga.

dualismo Punto de vista metafísico que sostiene que, en última instancia, el Universo está compuesto de sólo dos clases de materia: materia física y materia mental.

epistemología Rama de la filosofía que estudia el conocimiento humano, su naturaleza, sus fuentes y sus limitaciones.

escepticismo Punto de vista según el cual no es posible el conocimiento en algunos dominios, tal vez porque no se pueden justificar nuestras afirmaciones como afirmaciones de conocimiento. El escepticismo puede ser local y dirigido a algunos de nuestros presuntos conocimientos (por ejemplo, el escepticismo respecto a las afirmaciones de milagros), o radical y dirigido a todos nuestros supuestos conocimientos.

experimento mental Caso imaginado, diseñado para aguijonear nuestra intuición, y quizá para esclarecer la manera en que pensamos acerca de las cosas. Para los filósofos, los experimentos mentales son como tubos de ensayo que separan una parte del mundo mental de todo lo demás con el fin de que podamos observarlo con claridad.

Gettier, casos de Contraejemplos a la visión tradicional del conocimiento como creencia verdadera justificada. Se narra una historia en la que alguien tiene una creencia verdadera justificada, la cual, acaso por suerte, no cuenta como conocimiento. Recibieron su nombre en honor de la persona que los formuló por primera vez, Edmund Gettier.

inducción Inferencia a partir de muchas afirmaciones particulares hasta una afirmación general, u otras afirmaciones particulares. Por ejemplo, este caracol come lechuga, ese caracol come lechuga, aquel otro también, etcétera, por consiguiente, todos los caracoles comen lechuga. No obstante, existe el problema de la inducción, célebre gracias a David Hume, y el nuevo acertijo de la inducción, formulado por Nelson Goodman.

inferencia Recorrido mental desde las premisas a la conclusión. A veces se utiliza como sinónimo de «razonamiento».

justificación Conjunto de pruebas o razones que se aportan en apoyo de la verdad de una creencia o afirmación.

mundo externo, el El mundo de los objetos en tanto que existen, aparte de nuestra experiencia sobre ellos, opuesto a nuestro mundo interior de pensamientos, percepciones, sentimientos, etcétera.

paradigma Conjunto de creencias y acuerdos compartidos por los científicos (en parte implícitamente), que guía sus investigaciones, identifica problemas y les indica lo que se considera una solución, y un buen experimento entre muchas otras cosas.

razonamiento circular Serie de premisas propuestas en apoyo de una conclusión, en la que ésta no es sólo una de las premisas. He aquí un famoso ejemplo: todo lo que percibo de manera clara y distinta es verdadero; lo sé porque Dios me ha creado y Él no es un farsante, y porque lo percibo de manera clara y distinta, y todo lo que percibo de este modo es verdadero.

regla inductiva Principio que legitimiza una inferencia a partir de muchas afirmaciones particulares hasta una conclusión general. Normalmente se considera la base de las inferencias inductivas. Existen varias posibilidades: el universo es uniforme, el futuro será igual que el pasado, todo en todas partes es regular, etcétera.

relativismo Conjunto de puntos de vista que afirman que una misma cosa (por ejemplo, la moral) depende de otra que varía (por ejemplo, los valores culturales). Puesto que no existe una serie de patrones que destaque sobre los demás (todos los valores culturales están en igualdad de condiciones), no hay nada que escoger entre varias explicaciones de una misma cosa (por tanto, la moral es relativa).

verdad De acuerdo con la concepción más antigua de la verdad, célebre gracias a Aristóteles, decir que es lo que es, y que no es lo que no es, es decir la verdad.

PIENSO, LUEGO EXISTO

filosofía en 30 segundos

René Descartes, quizá el primer gran filósofo moderno, descubrió que gran parte de lo que le enseñaron sus maestros jesuitas era dudoso. Turbado por el hecho de que «no existía tal saber en el mundo como se me había inducido a creer», emprendió la tarea de encontrar los fundamentos sobre los que construir un saber genuino e indubitable. En *Meditaciones metafísicas* utilizó una técnica de duda radical, con el propósito de identificar al menos una creencia de la que no pudiera dudar. Su método consistía en examinar cada una de sus creencias y abandonar aquellas de las que era posible dudar. De este modo, demostró que es muy fácil dudar de la verdad de todas nuestras experiencias sensoriales, ya que puede que estemos soñando y no seamos conscientes de ello, y aún más desconcertante si cabe, que sea posible que un demonio maléfico nos haya engañado acerca de absolutamente todo, incluso de las verdades matemáticas más simples. Afortunadamente, esta técnica también establece que el propio acto de dudar demuestra que tiene que existir un «Yo» que dude. Tal como dijo Descartes, *Cogito, ergo sum* («Pienso, luego existo»).

COMENTARIO EN 3 SEGUNDOS

Podemos dudar de que existan otras mentes, de que los seres humanos tengan cuerpos, de que los filósofos sean inteligentes, pero nunca de que exista un «Yo» que dude.

PENSAMIENTO EN 3 MINUTOS

El problema con el método de la duda de Descartes es que la verdad indubitable, «Yo existo», no es suficiente para obtener conocimiento del mundo y de la matemática. Descartes se valió de Dios para este ardid: primero demostró que Dios existe y no es un farsante. Si Dios no es un farsante, entonces no nos engañamos sistemáticamente acerca de las cosas que percibimos clara y distintamente, y que superan el escrutinio racional. A partir de aquí, es bastante fácil obtener certeza acerca de nuestras creencias sobre el mundo.

TEMAS RELACIONADOS

véase también
EL CEREBRO EN UNA CUBETA
página 42

MINIBIOGRAFÍA

RENÉ DESCARTES
1596–1650

TEXTO EN 30 SEGUNDOS

Jeremy Stangroom

Descartes estaba seguro de que existía, pero no tenía certeza de si existían los otros dos.

LOS CONTRAEJEMPLOS DE GETTIER

filosofía en 30 segundos

¿Qué es el conocimiento? Desde Platón, muchos filósofos han considerado que se trata de una especie de creencia verdadera justificada. La llamada «explicación tripartita» afirma que el conocimiento posee tres condiciones: (1) para saber algo debemos creer en ello, (2) debe ser verdadero, y (3) tenemos que justificar nuestra creencia de que es verdadero. Entonces apareció Edmund Gettier. Supongamos, argumentó, que Smith aspira a un puesto de trabajo y tiene la creencia justificada de que Jones lo obtendrá. Smith también cree de manera justificada que Jones lleva 10 monedas en su bolsillo. Entonces Smith aplica la lógica básica y llega a la conclusión, justificadamente, de que la persona que obtenga el empleo llevará diez monedas en su bolsillo. De hecho, es Smith quien consigue el puesto, y, aunque no era consciente de ello, él también llevaba 10 monedas en el bolsillo. Esto significa que Smith tenía, de hecho, una creencia verdadera justificada de que la persona que obtuviera el trabajo llevaría diez monedas en el bolsillo. Pero, sin duda, él no lo sabía. No sabía que llevaba diez monedas en el bolsillo, y ni siquiera creía que conseguiría el empleo. Tenía una creencia verdadera justificada, pero fue cuestión de suerte, no de conocimiento. Existen numerosos contraejemplos semejantes a partir de la explicación tripartita, conocidos como *casos de Gettier.*

COMENTARIO EN 3 SEGUNDOS

Cómo podemos creer justificadamente en lo correcto sin conocerlo.

PENSAMIENTO EN 3 MINUTOS

Más tarde, los filósofos respondieron a Gettier argumentando que las cosas acerca de las cuales se tienen creencias, así como las creencias mismas, deben estar vinculadas del modo correcto con el fin de que la creencia sea conocimiento. Pero resulta difícil especificar cuál es el modo correcto. ¿El vínculo debe ser formal, sólido o tal vez causal? Algunos filósofos piensan que deberíamos abandonar la idea de que existen criterios precisos para conceptos como el conocimiento.

MINIBIOGRAFÍA

EDMUND GETTIER

1927–

TEXTO EN 30 SEGUNDOS

Julian Baggini

Lo único que Smith sabía con certeza era que había tenido suerte al conseguir el trabajo; ya no le quedaba mucho dinero.

1 2 3 4 5 6 7 8 9 10

1902
Nace en Viena, Austria-Hungría

1935
Publica *Logik der Forschung* (La lógica de la investigación científica)

1937
Huye de Austria y se traslada a Nueva Zelanda, donde ocupó un puesto en el Canterbury University College

1945
Se publica *La sociedad abierta y sus enemigos*

1949
Trabaja como profesor de Lógica y método científico en la London School of Economics

1957
Se publica *La miseria del historicismo*

1959
Logik der Forschung finalmente se traduce al inglés como *The Logic of Scientific Discovery*

1969
Se retira de la docencia a jornada completa

1994
Muere en Londres

KARL POPPER

Aunque Karl Popper es quizá más conocido por su «falsacionismo», una idea que dio forma a la filosofía de la ciencia en la segunda mitad del siglo XX, se interesó por muchas cosas y escribió importantes obras en ámbitos que van desde la filosofía política hasta la filosofía de la mente. Hacia el final de su vida, el volumen de los documentos recopilados era tal que precisaba de 450 archivadores en el Archivo Popper del Instituto Hoover en la universidad de Stanford.

Popper nació en Viena en 1902. Era el hijo menor de un matrimonio de clase media de origen judío. Fue educado en el luteranismo y cursó sus estudios en la Universidad de Viena, donde aprendió filosofía, matemáticas, psicología y física. Aunque se sintió atraído por el marxismo en su juventud y formó parte de la Asociación de Estudiantes Socialistas, pronto se cansó de las estrecheces del materialismo histórico y, en su lugar, adoptó el social-liberalismo que marcaría su vida.

Su primera obra importante, *La lógica de la investigación científica*, fue publicada en 1935 (aunque no se tradujo al inglés hasta 1959). Fue en esta obra donde esbozó sus ideas acerca de la falsación que tanto influyeron en sus seguidores y en los críticos por igual. En un período excepcional de diez años, a esta obra le siguió *La miseria del historicismo*, una crítica de la idea de que la historia se rige mediante la ejecución de las leyes, y *La sociedad abierta y sus enemigos*, una defensa en dos volúmenes de los principios del social-liberalismo frente a la amenaza del autoritarismo y el totalitarismo.

Indudablemente, las ideas políticas de Karl Popper estaban influenciadas por su experiencia personal. En 1937, temeroso ante la ascensión del nazismo, abandonó Austria, donde había trabajado como maestro de escuela, y ocupó un puesto de profesor de filosofía en el Canterbury University College en Nueva Zelanda. Después del final de la segunda guerra mundial, formó parte de la facultad de la London School of Economics, y se convirtió en profesor de Lógica y método científico en 1949, donde permaneció hasta que se retiró de la docencia a jornada completa en 1969. Karl Popper murió en 1994, con su reputación asegurada como uno de los filósofos más importantes del siglo XX.

EL CEREBRO EN UNA CUBETA

filosofía en 30 segundos

El experimento imaginario del «cerebro en una cubeta», del que una versión es la premisa argumental de la película *Matrix*, suele utilizarse para explicar nuestro conocimiento del mundo. Nos pide que imaginemos un cerebro al que han separado del cuerpo de un ser humano, lo han introducido en una cubeta llena de líquido y, a continuación, lo han conectado a un dispositivo que reproduce con exactitud los impulsos eléctricos que normalmente nos llegan del mundo exterior. La idea es que esto producirá la experiencia de una realidad virtual indistinguible del mundo real. Esto introduce el problema del escepticismo radical. Explícitamente, parece posible que vivamos en un mundo virtual y que no lo sepamos, lo que, a su vez, significaría que nuestras creencias sobre el mundo (por ejemplo, que yo ahora mismo esté escribiendo este texto en un procesador de textos) son falsas. Si aceptamos que esto es posible, entonces, presumiblemente, debemos admitir que no podemos saber que lo que tomamos por verdadero del mundo de hecho lo sea. Dicho de otro modo, si es posible que algo como el argumento descrito en *Matrix* sea verdadero, entonces debemos aceptar que no existe un fundamento estable para nuestro conocimiento del mundo.

COMENTARIO EN 3 SEGUNDOS

Usted cree que está sosteniendo este libro y leyendo esta frase, pero en realidad es un cerebro en una cubeta, alimentado por impulsos eléctricos de un superordenador situado en Boston.

PENSAMIENTO EN 3 MINUTOS

El filósofo Hilary Putnam rechaza las implicaciones escépticas del experimento mental del cerebro en una cubeta. Argumenta, a grandes rasgos, que las palabras que utiliza una persona en un mundo virtual aluden a los elementos constituyentes de dicho mundo, no a los objetos de un presunto mundo exterior. Por tanto, el hecho de estar sentado bajo un árbol, por ejemplo, depende de las condiciones que existan en el mundo particular en el que habito (virtual o no).

TEMAS RELACIONADOS

véase también
PIENSO, LUEGO EXISTO
página 36

MINIBIOGRAFÍA

HILARY PUTNAM
1926–

TEXTO EN 30 SEGUNDOS

Jeremy Stangroom

¿Seguro que es usted algo más que un cerebro en una cubeta? Tal vez ésta sea una imagen suya.

EL PROBLEMA DE LA INDUCCIÓN DE HUME

filosofía en 30 segundos

David Hume reflexionó sobre el hecho de que a menudo razonamos a partir de lo que hemos observado en el pasado y lo proyectamos hacia lo que veremos en el futuro. Por ejemplo, como todas las esmeraldas observadas hasta ahora son verdes, podríamos inferir que todas las que se observarán en el futuro también serán de ese color. Este razonamiento se denomina *inferencia inductiva*. Hume formuló esta regla de inducción: inferir que las regularidades que se observó que se mantuvieron en el pasado continuarán en el futuro. Entonces advirtió que las inferencias inductivas que siguen esta regla no son válidas desde el punto de vista deductivo. Es lógicamente posible que «todas las esmeraldas observadas son verdes» sea una inferencia verdadera, mientras que «todas las esmeraldas son verdes» sea una inferencia falsa. Hume se cuestionó: «Si las inferencias inductivas no son válidas, entonces, ¿por qué deberíamos creer que nos conducen a la verdad de modo fiable?». Puede que todas las esmeraldas observadas hasta ahora sean verdes, pero, a partir de mañana, podrían ser azules. Hume argumentaba que no puede existir un razonamiento no circular que demuestre que su regla inductiva conduzca a la verdad, aunque generalmente lo haga. Hume pensaba que, aunque no exista justificación de la inducción, es parte de nuestra naturaleza humana hacer inferencias inductivas. Muchos filósofos han tomado su razonamiento como un reto para plantear una demostración no circular de que la inducción es fiable, pero hasta ahora nadie lo ha logrado, y, si Hume estaba en lo cierto, nadie lo conseguirá jamás.

COMENTARIO EN 3 SEGUNDOS

¿Podemos saber si el futuro será igual que el pasado?

PENSAMIENTO EN 3 MINUTOS

Peter Strawson afirmaba que la regla de inducción no requiere ninguna justificación, puesto que parte de lo que significa ser racional consiste en razonar inductivamente. Max Black consideraba que una inferencia inductiva particular puede justificarse mediante la regla «inferir que el futuro será igual que el pasado», y que esta regla está justificada, dado que funcionó en el pasado. Hans Reichenbach trató de demostrar que si existe una manera fiable de inferir el futuro a partir del pasado, entonces la inducción será fiable. Ninguna de estas respuestas hace frente al reto de Hume, ya que no demuestran que la regla de inducción sea fiable.

TEMAS RELACIONADOS

véase también
EL ACERTIJO VERZUL DE GOODMAN
página 46

CONJETURAS Y REFUTACIONES DE POPPER
página 48

MINIBIOGRAFÍAS

DAVID HUME
1711–1776

HANS REICHENBACH
1891–1953

MAX BLACK
1909–1988

PETER STRAWSON
1919–2006

TEXTO EN 30 SEGUNDOS

Barry Loewer

Tan pronto como encontró la esmeralda azul, empezó a cuestionárselo todo: el Sol había salido siempre hasta ese momento, pero, ¿se levantaría mañana?

EL ACERTIJO VERZUL DE GOODMAN

filosofía en 30 segundos

Nelson Goodman afirmaba que la regla inductiva «inferir que las regularidades del pasado continuarán en el futuro» no puede ser correcta, puesto que conduce a conclusiones contradictorias. Para ilustrar esto definió el predicado «es verzul» del modo siguiente: algo es verzul en el momento *t* únicamente si es verde, y *t* es un momento en el tiempo antes del inicio del año 2100, o es azul y *t* es en ese momento o más tarde. Supongamos que todas las esmeraldas observadas hasta ahora son verdes. Entonces también son verzules, porque son verdes y se han observado antes de 2100. Por tanto, la regla de inducción nos dice que infiramos que las esmeraldas posteriores a ese año serán verdes, y que también serán verzules. Pero después del año 2100, las esmeraldas verzules ¡serán azules y no verdes! Goodman llegó a la conclusión de que la regla de inducción tiene que modificarse para decir que el futuro será igual que el pasado, pero sólo en determinados aspectos que son «proyectables». El problema consiste en especificar qué predicados son proyectables y cuáles no. Una idea es que «verzul» no es «proyectable» puesto que está definido en términos de «verde» y «azul». Pero «verde» y «azul» son, del mismo modo, fácilmente definibles tanto en términos de «verzul» como de «azerde».

COMENTARIO EN 3 SEGUNDOS

La regla «inferir que las regularidades del pasado continuarán en el futuro» tiene que modificarse para aplicarla sólo a los predicados proyectables.

PENSAMIENTO EN 3 MINUTOS

Antes de que Goodman planteara su acertijo, Bertrand Russell ya había advertido que razonar que el futuro será como el pasado puede llevar por el mal camino. Imaginó a un pollo que había observado que en el pasado el granjero siempre eligió a un pollo que no era él para su cena. Por tanto, éste llegó a la conclusión de que en el futuro el granjero siempre elegiría a un pollo que no fuera él para su cena.

TEMAS RELACIONADOS

véase también
EL PROBLEMA DE LA INDUCCIÓN DE HUME
página 44

CONJETURAS Y REFUTACIONES DE POPPER
página 48

MINIBIOGRAFÍA

NELSON GOODMAN
1906–1998

TEXTO EN 30 SEGUNDOS

Barry Loewer

El día 25 del mes, el gallo se percató de que desde un principio su inducción había sido errónea. Se tornó verzul de miedo.

2 3 4 5 6 7
9 10 11 12 13 14
16 17 18 19 20 21
23 24 25 26 27 28
30 31

CONJETURAS Y REFUTACIONES DE POPPER

filosofía en 30 segundos

Karl Popper rechazaba la visión de que la ciencia avanza mediante la inferencia inductiva de las regularidades a partir de las observaciones. Por el contrario, afirmaba que el conocimiento científico evoluciona mediante un proceso que denominó *conjetura y refutación*. Su mantra es: «No podemos demostrar que una hipótesis es verdadera, o incluso tener pruebas de que lo es, mediante la inducción, pero podemos refutarla si es falsa». Popper sostenía que una buena hipótesis científica es aquella de la cual se derivan por deducción muchas predicciones sorprendentes. Su punto crucial es que si una observación se deriva por deducción de una teoría, y si nuestros experimentos no dan como resultado la observación predicha, entonces se infiere que la teoría en sí misma es falsa. El punto de vista de Popper es que los científicos deberían enunciar tales hipótesis y hacer todo lo posible para refutarlas. Si una predicción falla, nos percatamos de que la hipótesis es falsa. Este proceso, según él, describe la evolución del conocimiento científico desde la física aristotélica, pasando por la física newtoniana, hasta la teoría de la relatividad de Einstein. Popper añade que lo que hace que las afirmaciones de la astrología, de la teoría freudiana y del marxismo sean pseudocientíficas es que sus practicantes ni siquiera intentan refutarlas y discuten las aparentes refutaciones.

COMENTARIO EN 3 SEGUNDOS

La ciencia avanza mediante un proceso de conjeturas y refutaciones.

PENSAMIENTO EN 3 MINUTOS

El financiero y filántropo George Soros fue discípulo de Popper en la London School of Economics. Ganómilers de millones de dólares con sus inversiones y cambios de divisas. Soros afirma que utilizó el método de conjeturas y refutaciones de Popper para que le ayudara a elegir sus inversiones, y le atribuye su éxito.

TEMAS RELACIONADOS

véase también
EL PROBLEMA DE LA INDUCCIÓN DE HUME
página 44
EL ACERTIJO VERZUL DE GOODMAN
página 46
LAS REVOLUCIONES CIENTÍFICAS DE KUHN
página 50

MINIBIOGRAFÍAS

KARL POPPER
1902–1994
GEORGE SOROS
1930–

TEXTO EN 30 SEGUNDOS

Barry Loewer

El cerebro de Karl creció tanto que se percató de que lo único que sabía que era verdadero era que nunca sabría lo que es verdadero, sino sólo lo que es falso.

E = mc2

LAS REVOLUCIONES CIENTÍFICAS DE KUHN

filosofía en 30 segundos

En su obra clásica, *La estructura de las revoluciones científicas*, Thomas Kuhn argumenta que lo que denomina «ciencia normal» se verifica en el contexto de unos paradigmas particulares, que proporcionan las reglas y estándares para la práctica científica dentro de cualquier disciplina científica particular. Los paradigmas permiten a los científicos desarrollar vías de investigación, crear fructíferas estrategias de estudio, construir preguntas, interpretar resultados y analizar su relevancia y significado. Kuhn afirmaba que la historia de la ciencia está marcada por «revoluciones científicas» periódicas, cada una de las cuales es testigo de cómo el paradigma dominante en un ámbito particular es sustituido por uno nuevo (como aconteció, por ejemplo, cuando la visión ptolemaica del mundo fue derrocada por el sistema copernicano). Una revolución científica viene precedida por un período de crisis, durante el cual se hace evidente que, bajo la presión de un número cada vez más creciente de interrogantes y dificultades, el paradigma existente no puede seguir manteniéndose. Una revolución tiene lugar cuando la comunidad científica desplaza su filiación a un nuevo paradigma, que señala el final de la crisis y la reanudación de la ciencia normal. Kuhn no acepta que este patrón de paradigmas continuamente cambiantes signifique que la ciencia no progresa. Arguye que las teorías científicas modernas son mejores que las anteriores a la hora de resolver interrogantes que surgen en muchas circunstancias diferentes.

COMENTARIO EN 3 SEGUNDOS

La labor de las comunidades científicas es impulsada por las exigencias de paradigmas científicos singulares, hasta que surgen otros mejores.

PENSAMIENTO EN 3 MINUTOS

El principal problema del enfoque de Thomas Kuhn es que sugiere cierto tipo de relativismo sobre la verdad. Si las normas y los criterios para evaluar las afirmaciones de la verdad sólo funcionan en los paradigmas, entonces no es posible arbitrar entre sus afirmaciones contradictorias. Tampoco existe ningún modo de determinar los méritos generales de paradigmas particulares, puesto que no hay un punto de vista externo sobre el que basar una evaluación semejante.

TEMAS RELACIONADOS

véase también
CONJETURAS Y REFUTACIONES DE POPPER
página 48

MINIBIOGRAFÍA

THOMAS KUHN
1922–1996

TEXTO EN 30 SEGUNDOS

Jeremy Stangroom

Después de una revolución científica, o «cambio paradigmático», muchas teorías científicas son sólo tonterías que deben desecharse.

MENTE Y METAFÍSICA

MENTE Y METAFÍSICA
GLOSARIO

alusividad Característica distintiva de los pensamientos, deseos, palabras, imágenes, etcétera, también llamada *intencionalidad*. Tales cosas parecen apuntar más allá de sí mismas. Una palabra señala hacia o es sobre algo más que la tinta en la página. Una roca no es sobre nada.

conceptibilidad Las cosas son concebibles si podemos pensar en ellas sin contradicciones. En gran medida, se considera que la conceptibilidad es una guía hacia la posibilidad; aquello que es concebible es posible. Puede que no exista ninguna contradicción en pensar en canguros sin cola, puesto que tal cosa es posible; pero un triángulo de cuatro lados es inconcebible y, por tanto, no es posible. Pensamientos similares pueden tener grandes implicaciones para la filosofía de la mente.

conciencia Aspecto de nuestras vidas mentales descrito de diversas maneras, como vigilia, apreciación o nuestra experiencia del mundo. Thomas Nagel es célebre por sostener que existe algo que es como ser una criatura consciente, algo que es como para esa criatura. El «algo que es como» es la conciencia.

conductismo Conjunto de puntos de vista que circunscribe el lenguaje de las cosas mentales (sueños, esperanzas y creencias), o incluso de las cosas mentales propiamente dichas, el comportamiento; por ejemplo, las actividades o movimientos observables de los cuerpos.

determinismo Visión de que cualquier acontecimiento, sin excepción, tiene enteramente su causa en sus condiciones precedentes, es decir, en los acontecimientos que han conducido al mismo. Si se rebobinara el universo hacia atrás en el tiempo hasta el año 2001 y lo volviéramos a hacer avanzar hacia adelante, todo sucedería exactamente como antes. Lo que parecen actos y elecciones libres se cree que también están determinados.

dualismo Punto de vista metafísico que sostiene que, en última instancia, el Universo está compuesto de sólo dos clases de materia: materia física y materia mental.

epifenomenalismo Visión sobre la relación mente-cuerpo que sostiene que todos, o casi todos, los fenómenos mentales son simples consecuencias (epifenómenos) de las interacciones físicas. Según este punto de vista, los acontecimientos mentales pueden provocar otros acontecimientos mentales, pero los fenómenos mentales no tienen efectos físicos.

identidad personal Aquello que hace que una persona sea la misma a través del tiempo. Las principales razones de que así sea son la continuidad de su cuerpo, así como la de su mente, a través del tiempo.

lenguas naturales Lenguas como el castellano y el alemán, en oposición a las «lenguas artificiales», tales como los lenguajes de programación informática y, si Jerry Fodor está en lo cierto, algo más: el lenguaje del pensamiento, que es anterior a cualquier otro lenguaje.

libre albedrío El órgano de originación, la parte de nosotros que supuestamente realiza libres elecciones, no ligado por leyes causales. Aquellos que sostienen que la voluntad es libre afirman, al contrario que los deterministas, que a veces poseemos el poder de liberarnos de la telaraña causal y elegir qué curso de acción tomar.

metafísica Rama de la filosofía relacionada con la naturaleza de la realidad.

monismo La visión de que, en última instancia, la realidad está compuesta de un solo tipo de materia.

paradoja En general, las paradojas implican determinada clase de conflicto o tensión entre dos proposiciones que parecen lógicamente verdaderas. El problema surge con frecuencia cuando unas proposiciones contradictorias parecen deducirse lógicamente de otra cosa que se supone cierta.

sensaciones crudas Manera peculiar en que algunos estados mentales nos afectan: a saber, la sensación de hambre, el aguijón de los celos, el sabor ácido de una manzana verde, el dolor lacerante y la punzada de las cosquillas.

EL PROBLEMA MENTE-CUERPO DE DESCARTES

filosofía en 30 segundos

En sus *Meditaciones metafísicas*, René Descartes formuló el problema mente-cuerpo. Éste consiste en comprender cómo la conciencia, la mente, los pensamientos y la libre elección están vinculados al mundo material descrito por la ciencia. Descartes argumentaba que la mente y el cuerpo son sustancias distintas con características esenciales muy diferentes. La mente es básicamente pensante, no espacial, y puede iniciar la libre elección. El cuerpo está esencialmente extendido en el espacio, no es pensante, y está regido por las leyes del movimiento. El propio punto de vista de Descartes, el dualismo interaccionista, consiste en que en una persona viva, la mente y el cuerpo están unidos, y se influencian constantemente el uno al otro. Pero, ¿cómo puede la mente afectar al cuerpo, si este último está regido por las leyes de la naturaleza? La respuesta de Descartes fue que la mente y el cuerpo interactúan en el ser humano en un punto de la glándula pineal (una pequeña glándula situada en la base del cerebro). Esta respuesta no satisfizo a filósofos posteriores, que han propuesto muchas teorías alternativas. Entre ellas se incluyen: el fisicalismo, la visión de que el cuerpo y la mente no son realmente distintos, puesto que la mente es en realidad física; el idealismo, que sostiene que el cuerpo es, de hecho, una ilusión, y sólo la mente existe; el monismo, que afirma que la realidad posee aspectos tanto mentales como físicos; y el epifenomenalismo, la visión de que el cuerpo puede afectar a la mente, pero que ésta no puede afectar al cuerpo.

COMENTARIO EN 3 SEGUNDOS

La mente, ¿es una cosa no física, espiritual, que controla nuestro cuerpo? ¿Es nuestro cerebro? ¿O es algo totalmente distinto?

PENSAMIENTO EN 3 MINUTOS

Descartes pensaba que las leyes de la física dejan espacio para que la mente afecte al funcionamiento de la glándula pineal (y al cuerpo). Pero a medida que la física ha ido avanzando, muchos filósofos se han convencido de que el funcionamiento del cuerpo físico está regido por las leyes de la física. Esto hace que sea particularmente difícil comprender cómo la mente puede afectar al cuerpo, a no ser que ella misma sea también física.

TEMAS RELACIONADOS

véase también
LA INTENCIONALIDAD DE BRENTANO
página 58
EL DEMONIO DE LAPLACE, DETERMINISMO Y LIBRE ALBEDRÍO
página 74
EL FANTASMA EN LA MÁQUINA DE RYLE
página 76

MINIBIOGRAFÍAS

RENÉ DESCARTES
1596–1650

ARTHUR SCHOPENHAUER
1788–1860

TEXTO EN 30 SEGUNDOS

Kati Balog

El filósofo Arthur Schopenhauer denominó al problema mente-cuerpo «el nudo del mundo». Todavía no se ha desatado.

LA INTENCIONALIDAD DE BRENTANO

filosofía en 30 segundos

¿Qué distingue lo mental de lo físico? Según Franz Brentano, el rasgo distintivo de lo mental es que siempre se refiere a algo más allá de sí mismo, mientras que las cosas físicas simplemente existen. Los pensamientos hacen referencia a algo, las percepciones lo son de cosas, emitimos juicios sobre las cosas, y amar u odiar implica adoptar una actitud hacia el objeto de nuestras emociones. Por ejemplo, cuando decimos que Londres se encuentra al este de Nueva York pensamos en las dos ciudades. Brentano decía que las cosas físicas nunca hacen mención a otras; en este sentido, una roca no hace referencia a nada, simplemente existe. Es cierto que las expresiones de una lengua, los cuadros, los mapas, etcétera, pueden referirse a otras cosas, pero este tipo de alusividad es algo que la mente ha creado y es dependiente de ella, por lo que también es, en última instancia, mental. A esta alusividad de lo mental, Brentano la denominó *intencionalidad*. Parece que existen algunas excepciones, lo que podríamos llamar *sensaciones crudas*. Por ejemplo, un dolor indudablemente no se refiere a nada, simplemente existe. Pero, para Brentano, el dolor sigue teniendo un aspecto intencional: representa áreas dañadas del cuerpo. La mayoría de los filósofos contemporáneos acepta que la intencionalidad es un rasgo distintivo de lo mental, y que se basa, en última instancia, en el cerebro y sus funciones. Cómo funciona exactamente es una cuestión filosófica que vale una fortuna.

COMENTARIO EN 3 SEGUNDOS

La mente consiste en ser sobre las cosas.

PENSAMIENTO EN 3 MINUTOS

La manera tradicional de distinguir la mente de la materia consiste en pensar en ellas como dos clases distintas de sustancia: la materia física es sólida y posee masa y extensión; la materia mental no tiene peso ni dimensiones, pero es igualmente una cosa. Dividir la realidad en dos clases de sustancias radicalmente diferentes es problemático por muchas razones (por ejemplo, ¿cómo interactúan?). Distinguir lo mental de lo físico mediante la intencionalidad, sin hacer conjeturas sobre su sustancia, es, por tanto, una alternativa atrayente.

TEMAS RELACIONADOS

véase también
EL PROBLEMA MENTE-CUERPO DE DESCARTES
página 56
EL DEMONIO DE LAPLACE, DETERMINISMO Y LIBRE ALBEDRÍO
page 74

MINIBIOGRAFÍA

FRANZ BRENTANO
1838–1917

TEXTO EN 30 SEGUNDOS

Julian Baggini

Por muy involuntario que sea, pensar demasiado en la intencionalidad puede hacer que le duela el cerebro. ¿O es su mente la que en realidad está dolorida?

N
E
S
W

EL LENGUAJE DEL PENSAMIENTO DE FODOR

filosofía en 30 segundos

El filósofo Jerry Fodor desarrolló una controvertida teoría de la mente. Teoriza que existe un lenguaje innato del pensamiento que denomina «mentalés». Propuso el mentalés con el fin de explicar la naturaleza del pensamiento (y otras habilidades mentales), así como para justificar el aprendizaje de lenguas naturales. Las percepciones, los recuerdos y las intenciones implican valores simbólicos de oraciones en mentalés. De modo que, cuando pensamos el pensamiento de que el teleñeco Gustavo es verde, una oración en mentalés que significa «el teleñeco Gustavo es verde» aparece en nuestro cerebro. Los pensamientos pueden versar sobre objetos (por ejemplo, la rana Gustavo), y verdaderos o falsos, porque las oraciones pueden referirse a objetos y ser verdaderas o falsas. Las frases en mentalés se asemejan a las oraciones del lenguaje natural en que tienen una estructura gramatical, pero se diferencian de ellas en que no se utilizan para comunicarse, sino para pensar. El mentalés aparece antes que el lenguaje natural. Según Fodor, aprender una lengua natural como el castellano presupone una habilidad existente de pensar en mentalés. Cuando aprendemos el significado de una palabra, sabemos asociarlo a un término en mentalés. El mentalés es, en sí mismo, innato, aunque la habilidad para utilizar un término en mentalés puede venir desencadenada por determinadas experiencias. Fodor continúa comparando las funciones mentales, tanto conscientes como inconscientes, con las operaciones de un ordenador. Pensar y percibir, entre otras cosas, implican computación de oraciones en mentalés.

COMENTARIO EN 3 SEGUNDOS

A pesar de que la mayoría de nosotros lo desconozcamos, todos usamos el mentalés.

PENSAMIENTO EN 3 MINUTOS

Investigaciones recientes en la psicología infantil han convertido en un caso convincente el hecho de que los recién nacidos vienen al mundo con un conocimiento innato. Por ejemplo, saben la diferencia entre objetos animados e inanimados. ¿Es posible que un bebé ya conozca el término que significa «elefante» en mentalés antes de ver a uno de esos animales? Fodor afirma que existen palabras del mentalés que están preparadas para aludir a un elefante cuando se cumplen las condiciones apropiadas, lo que podría conllevar ver elefantes o imágenes de elefantes.

TEMAS RELACIONADOS

véase también

EL JUICIO SINTÉTICO *A PRIORI* DE KANT
página 130

MINIBIOGRAFÍA

JERRY FODOR
1935–

TEXTO EN 30 SEGUNDOS

Kati Balog

Ella no sabe cómo se llaman estos animales en castellano, pues aún no lo ha aprendido, pero siempre ha sabido qué son en mentalés.

E
L
EPH
A
N
T
C
A
B

LAS PERSONAS DE PARFIT

filosofía en 30 segundos

El filósofo contemporáneo Derek Parfit se cuestionó lo siguiente: «¿Qué es lo que hace que una persona sea la misma a través del tiempo?». John Locke también se hizo la misma pregunta e imaginó un príncipe y un mendigo que intercambiaban sus recuerdos, sus deseos y otros atributos mentales. Locke dijo que la persona que hasta entonces había ocupado el cuerpo del príncipe habitaría en el cuerpo del mendigo, y la persona del mendigo ocuparía el cuerpo del príncipe. Su punto de vista radica en que una persona en un momento determinado y en otro momento posterior en el tiempo son la misma persona en virtud de que la posterior posee los recuerdos y tiene una continuidad mental con la anterior. La policía utiliza huellas dactilares para identificar a una persona, pero, si Locke está en lo cierto, esto podría ser un error. Parfit continúa el argumento de Locke imaginando a una persona, por ejemplo el capitán Kirk, que entra en un teletransportador defectuoso y es proyectado a la Tierra, donde aparecen dos capitanes Kirk, cada uno de los cuales posee los recuerdos, los deseos, etcétera, de Kirk. Ambos pueden afirmar que son idénticos a Kirk, pero es evidente que no lo son entre sí. Parfit llega a la conclusión de que la identidad no consiste en los recuerdos y la continuidad mental. Pero prosigue afirmando que esto no importa, puesto que lo que de verdad nos preocupa es sobrevivir, y la supervivencia consiste en la continuidad mental.

COMENTARIO EN 3 SEGUNDOS

Si usted entra en un teletransportador y de él salen dos personas, ¿cuál de ellas es usted?

PENSAMIENTO EN 3 MINUTOS

Puede que le parezca que ejemplos protagonizados por príncipes y mendigos que intercambian sus cuerpos y a múltiples capitanes Kirk son demasiado fantasiosos como para tomarlos en serio. Los filósofos se interesan por estas historias imaginarias porque nos pueden ayudar a comprender nuestro concepto de persona. Quizás también surjan repercusiones para cuestiones prácticas, como el castigo, en particular si un individuo cometió un crimen en su juventud, pero no tiene recuerdos de su vida anterior, y, tal vez, ya no sea la misma persona.

TEMAS RELACIONADOS

véase también
EL ZOMBI DE CHALMERS
página 66

LA MANO IZQUIERDA DE KANT
página 70

EL BARCO DE TESEO
página 72

MINIBIOGRAFÍAS

DEREK PARFIT
1942–

JOHN LOCKE
1632–1704

TEXTO EN 30 SEGUNDOS

Kati Balog

Una persona es la suma de sus esperanzas, temores y recuerdos pasados; no importa nada más. Bueno... ¡dígaselo al mendigo!

1596
Nace en La Haya, cerca de Tours, en Francia

1616
Se licencia en leyes, en la universidad de Poitiers

1628
Se traslada a Holanda, que se convertirá en su hogar hasta 1649

1637
Se publica *Discurso del método*; *La dióptrica*; *Los meteoros*; *La geometría*

1641
Se publica *Meditaciones metafísicas*, junto con las seis primeras series de *Objeciones y respuestas*

1644
Se publica *Los principios de la filosofía*

1650
Muere probablemente a causa de una neumonía

RENÉ DESCARTES

Tal vez sea una simplificación excesiva decir que existieron dos corrientes principales que modelaron la vida y la obra de Descartes: la aparición de la ciencia moderna, como se ejemplifica en la obra de Copérnico y Galileo; y su comprensión de que la educación jesuita que recibió, que prometía tanto, había dado tan poco en términos de conocimiento fidedigno. No obstante, estas dos circunstancias fueron tremendamente importantes a la hora de impulsar a Descartes a desarrollar las ideas científicas y filosóficas que, en cierto modo, marcaron el comienzo del mundo moderno.

René Descartes nació en 1596 en La Haya, en Francia; entró en la Escuela Jesuita a la edad de 11 años, y, más tarde, estudió leyes en la universidad de Poitiers. Sin embargo, en lugar de emprender una carrera legislativa, Descartes comenzó a viajar y se alistó en el ejército, lo que le proporcionó un encuentro casual con el filósofo y científico holandés Isaac Beeckman, que cambiaría el curso de su vida. Su amistad despertó en Descartes el interés por las ciencias y encaminó sus pasos hacia lo que le acabaría convirtiendo en el primer gran filósofo moderno.

Escribió sus principales obras filosóficas en un período de 20 años, que se inició en 1629. En *Discurso del método para dirigir bien la razón y hallar la verdad en las ciencias*, publicado en 1637, originalmente como prefacio a unas obras sobre geometría, óptica y meteorología, Descartes sentó las bases de su epistemología y metafísica. Prosiguió en 1641 con la publicación de sus *Meditaciones metafísicas*, en las que articulaba su famoso método de la duda como técnica para establecer los fundamentos de un conocimiento incuestionable.

Cuando Descartes falleció en 1650, su reputación de mente brillante estaba bien establecida. Sus ideas se enseñaban en las universidades holandesas; sus *Meditaciones metafísicas* incluían colaboraciones críticas de estudiosos como John Locke, y estaba bien establecido en los más refinados círculos intelectuales de Europa. Su legado, sin embargo, ha superado incluso las expectativas de sus prometedores inicios. Es justo decir que la obra de Descartes, más que la de cualquier otro filósofo, ha sido la que ha modelado la trayectoria de la filosofía en la era moderna.

EL ZOMBI DE CHALMERS

filosofía en 30 segundos

David Chalmers ha rescatado recientemente los argumentos del dualismo de la mente y el cuerpo sosteniendo que los zombis son posibles desde el punto de vista metafísico. Los zombis son seres que, en lo físico, se asemejan a personas conscientes, pero que, sin embargo, no lo son. Dado que los zombis son físicamente como los humanos conscientes, se comportan igual que ellos. Cuando su gemelo zombi pisa un clavo, grita «¡Ay!», pero no siente nada. El argumento del dualismo de Chalmers se inicia con la reflexión de que es concebible un universo zombi. No existe contradicción alguna en el argumento según el cual existe un universo que es físicamente igual que el nuestro en todos los aspectos, excepto en que todas las criaturas que habitan en él están completamente desprovistas de conciencia. Si esto es cierto, entonces la conciencia es bastante diferente de otros fenómenos biológicos, puesto que existe una contradicción en pensar en un universo físicamente igual al nuestro donde su gemelo zombi no respire, digiera, se reproduzca, etcétera, exactamente del mismo modo que usted. De la conceptibilidad del argumento del zombi se infiere, según Chalmers, que los zombis son una posibilidad metafísica genuina. Si los zombis son metafísicamente posibles, y nosotros somos conscientes, entonces existe mucho más en nuestro universo que las entidades físicas y las cosas compuestas enteramente por entidades físicas y determinadas combinaciones. ¡También existe una conciencia no física!

COMENTARIO EN 3 SEGUNDOS

No importa cuánto sepa sobre la composición física de la persona que se sienta a su lado: puede ser un zombi.

PENSAMIENTO EN 3 MINUTOS

El punto de vista de Chalmers es una especie de dualismo, puesto que afirma que la conciencia no es física. Pero a diferencia de René Descartes, Chalmers no cree que existan sustancias mentales. Para él, por el contrario, la conciencia es una característica no física de determinadas cosas físicas, y, en particular, del cerebro humano. La mayoría de los filósofos que defienden el fisicalismo discrepan con Chalmers y afirman que, aunque el argumento del zombi no es contradictorio, de ello no se infiere que los zombis sean metafísicamente posibles.

TEMAS RELACIONADOS

véase también
LAS PERSONAS DE PARFIT
página 62

MINIBIOGRAFÍA

DAVID CHALMERS
1966–

TEXTO EN 30 SEGUNDOS

Kati Balog

Uno piensa, luego existe; mientras que el otro no puede pensar, pero también existe. ¿Cuál es exactamente la diferencia entre ellos?

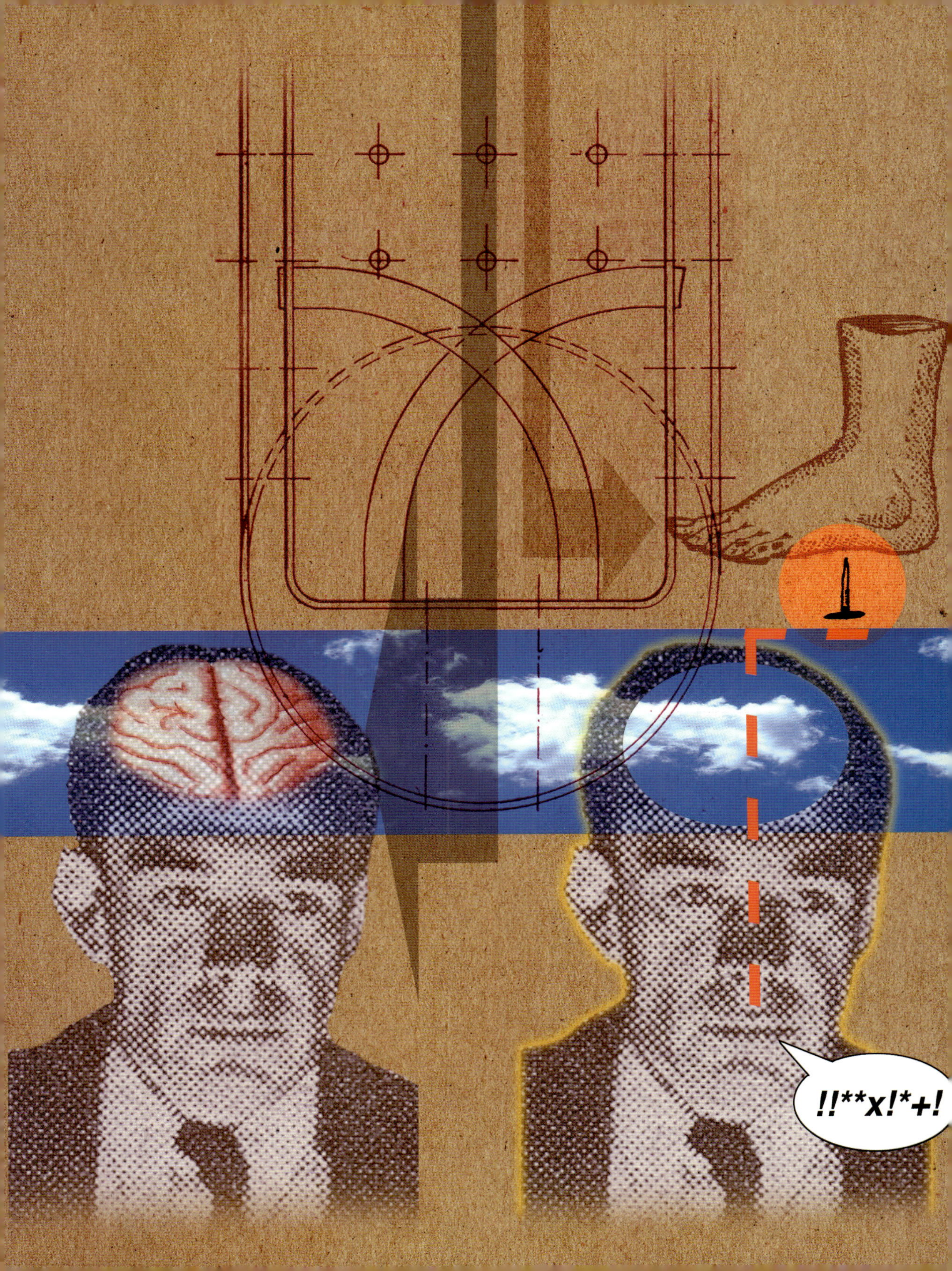
!!**x!*+!

LAS PARADOJAS DE ZENÓN

filosofía en 30 segundos

El filósofo griego Zenón de Elea concibió un gran número de paradojas sobre el tiempo y el movimiento. Por ejemplo, se puede argumentar lógicamente que si Aquiles da ventaja a la tortuga en una carrera, nunca podrá adelantarla, siempre y cuando el animal continúe avanzando. Esto es así porque para adelantarla debe llegar adonde se encuentra la tortuga, pero cuando llegue a ese punto, ella ya se habrá desplazado. De modo que Aquiles, a continuación, debe llegar adonde la tortuga se ha desplazado, pero cuando llegue allí, el animal ya se habrá ido, y así *ad infinitum*. Otra paradoja afirma que una flecha no puede moverse nunca, puesto que, en cualquier momento dado en el tiempo, la flecha debe ocupar completamente un espacio determinado. Como en una fotografía, en un momento concreto, la flecha está donde está y en ningún otro lugar. Por tanto, permanece estática. Pero si el tiempo no es más que una serie de momentos, y si la flecha está estática en cada momento particular, entonces nunca se mueve. Sin embargo, sabemos que las flechas se mueven y que Aquiles puede adelantar a la tortuga. Entonces, ¿dónde se halla el error: en nuestra visión de la realidad o en la lógica de las paradojas?

COMENTARIO EN 3 SEGUNDOS

Puede que viajar no sea mejor que llegar, pero por lo menos es posible.

PENSAMIENTO EN 3 MINUTOS

La clave para resolver las paradojas es examinar lo que dan por sentado: que el tiempo consiste en una serie de movimientos estáticos (la flecha), o que el espacio y el tiempo se pueden dividir en fragmentos cada vez más pequeños (la tortuga). Con el fin de generar interrogantes debemos dar por supuestas determinadas cosas sobre la naturaleza del tiempo y del espacio. Las paradojas de Zenón sacan a la palestra estas presunciones y hacen que las cuestionemos.

MINIBIOGRAFÍA

ZENÓN
490–430 a. C.

TEXTO EN 30 SEGUNDOS

Julian Baggini

Las paradojas del movimiento de Zenón hicieron que el mundo antiguo se pusiera en marcha sólo para quedarse quieto. Pero sin las cuestiones planteadas por las paradojas, los físicos no habrían iniciado el mundo moderno explicando la naturaleza del espacio, el tiempo y la materia.

LA MANO IZQUIERDA DE KANT

filosofía en 30 segundos

Immanuel Kant reflexionó sobre una controversia entre Isaac Newton y Gottfried Leibniz. Newton afirmaba que el espacio era una especie de teatro (lo denominó «el sensorio de Dios»), en el que las posiciones son absolutas. De esto se infería que, si Dios hubiera ubicado todas las partículas del universo a 100 km de sus posiciones actuales, conservando, a la vez, sus distancias espaciales sin modificarlas, habría creado un universo diferente. Leibniz consideraba que esto era absurdo. Decía que Dios no tendría ninguna razón para ubicar las partículas en un sitio en lugar de en otro. Por el contrario, afirmó que el espacio no es un lugar, sino que más bien consiste en las relaciones espaciales entre partículas. Kant pensaba que podía demostrar que Newton estaba en lo cierto y Leibniz equivocado mediante un experimento mental. Imaginó un universo en el que no existía nada más que una mano izquierda, y otro diferente en el que no existía nada más que una mano derecha. Las relaciones entre todas las partículas que componían la mano eran exactamente las mismas en ambos casos. Se trataba de imágenes especulares (¡observe la ilustración!). Kant argumentaba que, puesto que las dos situaciones eran evidentemente diferentes, el espacio era más que las relaciones espaciales entre partículas. ¡Leibniz se equivoca y Newton está en lo cierto!

COMENTARIO EN 3 SEGUNDOS

Newton dijo: «El espacio es absoluto». Leibniz afirmó: «Sólo existen relaciones espaciales», ¡y Kant dio la victoria a Newton!

PENSAMIENTO EN 3 MINUTOS

Continúa la controversia entre absolutistas y relacionistas acerca del espacio. Los relacionistas responden a Kant que este experimento mental es erróneo, que él se imagina un universo con más que una mano izquierda (o derecha): se imagina a sí mismo en el universo observando la mano, y esto es suficiente para que el relacionista encuentre relaciones espaciales que distingan la izquierda de la derecha. Algunos físicos afirman que las leyes de la naturaleza requieren una distinción absoluta entre la izquierda y la derecha para explicar la desintegración de ciertas partículas.

TEMAS RELACIONADOS

véase también
LAS PERSONAS DE PARFIT
página 62

MINIBIOGRAFÍA

IMMANUEL KANT
1724–1804

TEXTO EN 30 SEGUNDOS

Barry Loewer

Todo aquel que esté de acuerdo con Kant, que levante la mano. La mano izquierda o la derecha, da igual... ¿o no?

EL BARCO DE TESEO

filosofía en 30 segundos

El barco de Teseo está en un dique seco. Pieza a pieza, cada parte del barco se reemplaza por otra. Donde había una tabla arrancada, se coloca en su lugar una nueva. Finalmente, la tarea queda completada y el barco zarpa. Sin embargo, alguien ha juntado todas las piezas viejas y las ha colocado en su sitio de nuevo, y este barco también se hace a la mar. Entonces, ¿cuál de ellos es el verdadero barco de Teseo? Aquel que tiene el material original, diríamos. Pero esto no es lo que piensa Teseo: él cree que su barco ha sido renovado, no reemplazado. Tampoco consideramos siempre que la propiedad es cuestión de una cosa física particular: cuando el oso Paddington fue al banco a sacar cinco libras y se quejó, atónito, de que el billete que le habían dado no era el suyo, malinterpretó la naturaleza del dinero. Este problema, planteado por Thomas Hobbes, podría parecer muy abstracto, pero considere por un momento que cada célula de su cuerpo cambia con el transcurso del tiempo. Por tanto, ¿la persona es un montoncito de materia particular o una forma continua de organizar la materia siempre cambiante? ¿Somos como billetes de banco o valores monetarios?

COMENTARIO EN 3 SEGUNDOS

¿Ha cambiado usted? ¿O es otra persona quien le ha cambiado?

PENSAMIENTO EN 3 MINUTOS

Piense en el enigma en términos de tipos y prendas. Las prendas son objetos físicos particulares, mientras que los tipos son formas de objetos que pueden estar situados en diferentes prendas. Así, por ejemplo, no importa en qué prendas (billetes particulares) esté su dinero, siempre que el tipo (valor) sea el mismo. ¿Importaría si su conyuge fuera reemplazado por una prenda idéntica? Si es así, ¿por qué? ¿Ama usted a esos átomos en particular?

TEMAS RELACIONADOS

véase también
LAS PERSONAS DE PARFIT
página 62

MINIBIOGRAFÍA

THOMAS HOBBES
1588–1679

TEXTO EN 30 SEGUNDOS

Julian Baggini

La propiedad lo es todo, pero el cien por cien del material del barco de Teseo se ha reemplazado. Entonces, ¿sigue siendo su barco? Saque sus propias conclusiones.

EL DEMONIO DE LAPLACE, DETERMINISMO Y LIBRE ALBEDRÍO

filosofía en 30 segundos

Pierre-Simon Laplace creía que todo está compuesto de átomos y que su movimiento está regido por las leyes que Isaac Newton descubrió en el siglo XVII. Laplace imaginó a un demonio superinteligente y con talento matemático, que conoce las posiciones y velocidades de todas las partículas del universo en un momento determinado, junto con todas las leyes de la naturaleza. Afirmaba que este demonio podía calcular las posiciones y las velocidades de todas las partículas en cualquier momento en el tiempo. El demonio puede predecir dónde estará su cuerpo y cómo se moverá el año próximo a partir de su conocimiento de las posiciones y las velocidades de las partículas del universo de hace un millón de años. El razonamiento de Laplace depende del hecho de que las leyes de Newton son deterministas. Muchos filósofos han llegado a la conclusión de que el determinismo es incompatible con el libre albedrío. Si los movimientos de su cuerpo están determinados por lo que tuvo lugar hace un millón de años, ¿cómo puede ser «cosa suya», por ejemplo, si levanta la mano izquierda o no lo hace? Dichos filósofos llegan a la conclusión de que o bien el determinismo es falso, o el libre albedrío es una ilusión. Otros filósofos afirman que para tener libre albedrío es suficiente con ejercer un control intencional sobre si levanta la mano izquierda o no lo hace, y que un control semejante es compatible con el determinismo.

COMENTARIO EN 3 SEGUNDOS

El demonio de Laplace calcula cómo se moverá su cuerpo mañana a partir de la posición de las partículas en el pasado. No tiene libre albedrío.

PENSAMIENTO EN 3 MINUTOS

Comúnmente se cree que la física actual sostiene que las leyes fundamentales de la mecánica cuántica no son deterministas, sino que sólo nos proponen probabilidades. Algunos filósofos consideran que esto resuelve el problema del libre albedrío. Pero es controvertido decir que la mecánica cuántica no es determinista, puesto que, aunque sus leyes son probabilísticas, puede que no permitieran el libre albedrío.

TEMAS RELACIONADOS

vérase también

EL PROBLEMA MENTE-CUERPO DE DESCARTES
página 56

LA INTENCIONALIDAD DE BRENTANO
página 58

EL ATOMISMO DE LUCRECIO
página 124

LA MALA FE DE SARTRE
página 152

MINIBIOGRAFÍA

PIERRE-SIMON LAPLACE
1749–1827

TEXTO EN 30 SEGUNDOS

Kati Balog

¿Existe el libre albedrío? Si no es así, ¿podemos tener cosas como la justicia o la moral? Podríamos preguntarle al demonio de Laplace, pero puede que estuviera tan sumido en la incertidumbre como nosotros.

EL FANTASMA EN LA MÁQUINA DE RYLE

filosofía en 30 segundos

El filósofo del siglo XX Gilbert Ryle decía que los filósofos (y la gente corriente) que piensan que la mente es una especie de cosa que hace que el cuerpo se mueva están muy equivocados. Denominó a esta visión de la mente «el fantasma en la máquina» y la atribuyó a René Descartes. Llamó a este tipo de error «error categorial». Alguien que, tras visitar todos los edificios de Oxford, dijera: «Veo todos estos edificios, pero, ¿dónde está Oxford?» estaría cometiendo un error categorial, el de pensar que Oxford se encuentra en la misma categoría que los edificios. No entiende que los edificios sean partes de la ciudad. Ryle afirmaba que aquellos que piensan en la mente como en una añadidura al cuerpo no han entendido que éste y sus procesos incluyen la mente.
El punto de vista de Ryle es que, cuando decimos que Hillary tiene una mente inquisitiva, no estamos afirmando que se trata de una cosa vinculada al cuerpo de Hillary, es decir, su mente, que es inquisitiva y que provoca que ella realice sus comentarios inquisitivos. Por el contrario, estamos haciendo notar que Hillary se comporta de forma inquisitiva. La mente no es un fantasma en la máquina, sino más bien una forma de describir las actividades de la máquina.

COMENTARIO EN 3 SEGUNDOS
La solución al problema mente-cuerpo es exorcizar el fantasma en la máquina.

PENSAMIENTO EN 3 MINUTOS
La visión de la mente de Ryle constituye una versión sofisticada del conductismo. Su idea es que una oración que atribuye un estado o proceso mental a una persona quiere decir, en realidad, que dicha persona se comporta o tiene tendencia a comportarse de determinada forma. Aunque esto pueda ser hasta cierto punto plausible en determinadas oraciones, tales como «Ella es inquisitiva», es muy poco plausible en oraciones como «Piensa en la filosofía» y «Siente una brisa fresca en sus mejillas».

TEMAS RELACIONADOS
véase también
EL PROBLEMA MENTE-CUERPO DE DESCARTES
página 56
LA INTENCIONALIDAD DE BRENTANO
página 58

MINIBIOGRAFÍA
GILBERT RYLE
1900–1976

TEXTO EN 30 SEGUNDOS
Kati Balog

Según Gilbert Ryle, él piensa, luego existe, pero todo lo que él es constituye la manifestación de un proceso físico inconsciente.

AMPERE
VOLT
Inductor

ÉTICA Y FILOSOFÍA POLÍTICA

ÉTICA Y FILOSOFÍA POLÍTICA
GLOSARIO

alienación Separación de aspectos del mundo humano que deberían estar juntos, según Karl Marx, entre otros. Para Marx, por ejemplo, un obrero pierde algo de sí mismo al convertirse en una parte mecánica de una cadena de producción. Está apartado de la satisfacción del trabajo, y distanciado del fruto de su labor, entre otras cosas.

buen salvaje, el Un ser humano no pervertido por las influencias corruptas del gobierno y de la sociedad, tal como lo imaginó Jean-Jacques Rousseau, entre otros. El buen salvaje es pacífico, inocente y poseedor de una especie de dignidad natural, en oposición a los salvajes violentos imaginados por Thomas Hobbes.

carácter Naturaleza moral de una persona, las partes moralmente relevantes de la personalidad de un individuo. Para Aristóteles, vivir una vida moral consiste no sólo en hacer lo que es correcto, como diría un utilitarista, sino también en cultivar un carácter virtuoso, y ser una buena persona.

contrato social, el Acuerdo, implícito o no, imaginado por los filósofos políticos en un esfuerzo por explicar la relación entre la obligación política, el consentimiento de los gobernados y el poder del estado.

hedonismo Visión según la cual la principal meta de la vida es el placer. Los hedonistas psicológicos sostienen que el ser humano sólo busca el placer, y los filósofos morales afirman que el placer es lo que deberíamos buscar, que tiene un valor moral.

imperativos Immanuel Kant consideraba que los imperativos, o reglas de actuación, nos guían de dos maneras. Los hipotéticos nos dicen lo que tenemos que hacer para lograr determinada meta, y los categóricos lo que debemos hacer sin importar las consecuencias. Para Kant, las exigencias de la moral sólo pueden ser de naturaleza categórica.

intuiciones morales Respuestas internas que nos pueden llevar a la conclusión de que un acto, o una persona, etcétera, es moralmente correcto o incorrecto. Los filósofos a veces se dejan guiar por sus intuiciones morales cuando tratan de arbitrar entre teorías morales enfrentadas.

justo medio El virtuoso término medio entre dos extremos. Para los aristotélicos, un carácter virtuoso está relacionado con los actos y se sitúa en el centro de dos clases de vicios: por una parte, el exceso, y por la otra, la carencia. Por ejemplo, la persona virtuosa muestra valentía al estar en el término medio entre el exceso de temeridad y la carencia de cobardía.

materialismo histórico Concepción de la historia humana en tanto que determinada o dependiente del modo en que el ser humano crea las necesidades materiales de la vida, que debemos a Karl Marx y Friedrich Engels.

modo de producción Para Karl Marx, el modo en que una sociedad organiza y asegura sus necesidades básicas, bienes de consumo, etcétera. El modo de producción está constituido por una enorme red de obreros, herramientas, materias primas y relaciones socio-económicas generales, que, según él, mantienen una relación importante con la clase de vida, con la clase de «conciencia», característica de cada época.

naturaleza, estado de Un tiempo imaginario antes de que existiera un gobierno, o sin gobierno alguno. Algunos teóricos políticos especulan sobre el estado de naturaleza en un esfuerzo por dilucidar qué utilidad tiene el gobierno, e imaginan a los seres humanos viviendo sin él.

LA ÉTICA DE ARISTÓTELES

filosofía en 30 segundos

La primera norma de Aristóteles para ser bueno es que no haya normas. Ser bueno consiste en desarrollar el carácter de tal modo que se esté predispuesto a hacer lo mejor en cada situación. No se trata de interiorizar un manual de moral. Los seres humanos somos criaturas de costumbres y, al igual que un buen músico se convierte en lo que es mediante la práctica, si hacemos cosas virtuosas nos tornaremos virtuosos. Pero, ¿qué es la virtud? Es vivir de acuerdo con nuestra naturaleza de animales racionales. Un buen perro hace bien las cosas de perros, y una buena persona hace bien las cosas humanas, especialmente pensar, porque esto es lo único que ningún otro ser vivo puede hacer. Nos pueden guiar hacia los actos correctos renunciando a la idea de que el bien y el mal son opuestos, y, en su lugar, pensar que el bien se encuentra en el «justo medio» entre los extremos del exceso y de la carencia. Por ejemplo, la valentía se halla situada entre el exceso de temeridad y la carencia de cobardía; la generosidad, entre la avaricia y la prodigalidad; la amabilidad, entre el exceso de indiferencia hacia los demás y la carencia de tolerancia. Al contrario de cómo se concibe a menudo la moral, la ética de Aristóteles consiste en mucho más que ser bueno: es un plan de acción para vivir bien.

COMENTARIO EN 3 SEGUNDOS

No existe un lado claro y otro oscuro de la fuerza, sino más bien dos extremos oscuros con un centro claro.

PENSAMIENTO EN 3 MINUTOS

El enfoque de Aristóteles respecto a la ética se ha recuperado hace pocas décadas, bajo la denominación de «ética de la virtud». Un reto al que se enfrenta es la importancia primordial del carácter. Lo preocupante es que la idea es circular: sabemos lo que es correcto porque es lo que una persona de buen carácter haría, pero, ¿cómo podemos saber si una persona posee un buen carácter moral? ¿Por lo que hace...?

TEMAS RELACIONADOS

véase también
EL ESTADO DE NATURALEZA Y EL CONTRATO SOCIAL
página 84

MINIBIOGRAFÍA

ARISTÓTELES
384-322 a. C.

TEXTO EN 30 SEGUNDOS

Julian Baggini

Hacer lo correcto no consiste sólo en seguir las reglas, sino también en alcanzar el equilibrio adecuado, según las circunstancias en las que nos encontremos, tanto buenas como malas.

EL ESTADO DE NATURALEZA Y EL CONTRATO SOCIAL

filosofía en 30 segundos

Thomas Hobbes y Jean Jacques-Rousseau tenían ideas muy diferentes sobre la naturaleza esencial del ser humano. Hobbes argumentaba que, sin el efecto civilizador de la sociedad, la vida sería solitaria, pobre, desagradable, ruda y breve y que se viviría en continuo temor, y con el peligro de una muerte violenta. Rousseau, en cambio, era mucho más optimista: en un estado de naturaleza, el ser humano es el «buen salvaje», que vive una existencia solitaria y apacible, preocupado primordialmente por sus necesidades inmediatas. Esta diferencia se refleja en el modo en que cada uno de estos dos hombres veía la sociedad civil y política. Para Hobbes, la civilización es una precondición para una vida que merezca la pena. Sólo firmando un «contrato social», y, de este modo, traspasando algunos de nuestros derechos naturales a una autoridad absoluta (un Leviatán), es posible evitar una guerra de todos contra todos. Rousseau también creía que era necesario un contrato social, pero su razonamiento era diferente. Argumentaba que la civilización es la fuente original de nuestros problemas. Los derechos de propiedad, bendecidos por la sociedad civil, generan desigualdades, con todos los inevitables vicios que los acompañan. La única forma de vencer el egoísmo y la depravación moral, que son las consecuencias de la civilización, radica en aceptar la autoridad de la «voluntad general» de la población.

COMENTARIO EN 3 SEGUNDOS

Si piensa que los seres humanos somos corruptos y depravados, y que nos llevamos bien gracias a la sociedad, está de acuerdo con Hobbes; si cree que somos nobles, pero que la sociedad nos corrompe, está de acuerdo con Rousseau.

PENSAMIENTO EN 3 MINUTOS

Las formas más modernas de conservacionismo son hobbesianas; los conservadores tienden a desconfiar de la afirmación de que es posible crear sociedades más armoniosas si se cambian los criterios políticos y sociales existentes. El pensamiento de la izquierda, en cambio, es más optimista. La mayoría de los socialistas se sienten atraídos por la idea de que si se reforma a la sociedad, entonces también se reformará a las personas.

TEMAS RELACIONADOS

véase también
LA ÉTICA DE ARISTÓTELES
página 82

EL UTILITARISMO DE MILL
página 90

MINIBIOGRAFÍAS

THOMAS HOBBES
1588–1679

JEAN-JACQUES ROUSSEAU
1712–1778

TEXTO EN 30 SEGUNDOS

Jeremy Stangroom

¿Es natural el comportamiento monstruoso o lo ha creado la sociedad? Quizá la respuesta dependa de si la sociedad está ligada a la naturaleza o está separada de ella.

EL IMPERATIVO CATEGÓRICO DE KANT

filosofía en 30 segundos

La coherencia se halla en la moral. Si creo que me merezco determinada clase de tratamiento, entonces otros en mi misma situación también tienen derecho a él. El filósofo alemán Immanuel Kant argumentaba que la coherencia está asegurada si seguimos el imperativo categórico: «Obra de tal manera que puedas desear que la máxima de tu acción se convierta en ley universal». Si su regla o máxima puede ser seguida de un modo coherente por todos, entonces no hay peligro de que actúe de manera incorrecta. Supongamos que está pensando en tomar prestado dinero y prometer que lo devolverá, cuando sabe que nunca podrá hacerlo. La regla que está pensando en seguir podría ser: «Haz una falsa promesa si favorece a tus intereses». Si esta regla llegara a convertirse en una ley universal de la naturaleza, seguida automáticamente por todas las personas en su misma situación, ¿el mundo sería coherente (es decir, moral)? Bueno, nadie creería en una promesa, de modo que prometer sería algo imposible, y, por consiguiente, usted no podría hacer una falsa promesa en primer lugar. De modo que la regla que está considerando no está de acuerdo con las leyes morales. Por tanto, romper las promesas no es correcto.

COMENTARIO EN 3 SEGUNDOS

Si su madre alguna vez lo corrigió preguntándole: «¿Qué pasaría si todo el mundo hiciera esto?», es que ella es kantiana.

PENSAMIENTO EN 3 MINUTOS

Podemos entender el punto de vista de Kant, pero seguir preguntándonos qué hacer cuando los deberes morales entran en conflicto. Supongamos que comprendo que romper las promesas no es correcto. ¿Debería interrumpir la asistencia médica que estoy proporcionando a alguien porque prometí a un amigo que nos veríamos para tomar unas copas? ¿Mi deber de ayudar a alguien que lo necesita está por encima de mi deber de cumplir mis promesas? Probablemente algunas veces sea así, pero comprender por qué, desde el punto de vista de Kant, no es sencillo.

TEMAS RELACIONADOS

véase también
EL UTILITARISMO DE MILL
página 90

EL DILEMA DEL TRANVÍA
página 94

MINIBIOGRAFÍA

IMMANUEL KANT
1724–1804

TEXTO EN 30 SEGUNDOS

James Garvey

¿Es correcto mentir al banco? La respuesta es «no»; de lo contrario, el banco pensará también que es una buena idea mentirle a usted.

1724
Nace en Königsberg, en Prusia

1740
Entra en la universidad de Königsberg

1755
Comienza a impartir clases en la universidad

1755
Se convierte en profesor de Lógica y Metafísica

1781
Se publica *Crítica de la razón pura*

1788
Se publica *Crítica de la razón práctica*

1790
Se publica *Crítica del juicio*

1797
Se retira de la universidad

1804
Muere

IMMANUEL KANT

Cuando cumplió 46 años, Immanuel Kant era profesor en la universidad de Königsberg, y un erudito de renombre que había publicado obras en el campo de la astronomía y se había ganado una reputación como brillante filósofo. Sin embargo, durante la siguiente década, permaneció en callado aislamiento, viviendo una vida de tal regularidad que se dice que los habitantes de Königsberg podían poner sus relojes en hora gracias a la puntualidad de sus paseos vespertinos. El resultado de esta década de silencio fue la publicación de *Crítica de la razón pura* en 1781, generalmente considerada una de las grandes obras de la historia de la filosofía.

Kant nació en Königsberg, en Prusia, en 1724; era el cuarto de once hermanos, hijos de Johann Georg Kant, un artesano alemán, y de Anna Regina Porter. Residió toda su vida en Königsberg, y nunca se desplazó más de 80 km de su ciudad natal. Su educación fue poco espectacular, pero le bastó para entrar en la universidad de Königsberg a la edad de 16 años. Fue allí donde tuvo su primer contacto con la filosofía, y pasó los siguientes diez años de su vida estudiando e impartiendo clases particulares, antes de convertirse en profesor en su alma mater en 1755.

El provincianismo de la vida de Kant contrasta notablemente con la amplitud de sus intereses filosóficos. Además de *Crítica de la razón pura*, que asentó los fundamentos de su epistemología y metafísica, escribió dos brillantes obras de la filosofía moral, *Fundamentación para una metafísica de las costumbres* y *Crítica de la razón práctica*, publicadas en 1785 y 1788, respectivamente, además de un importante tratado de estética, *Crítica del juicio*, en 1790, su última gran obra.

La importancia de la obra de Kant sólo comenzó a ser debidamente apreciada por sus contemporáneos hacia el final de su vida. Sin embargo, en el momento de su muerte, en 1804, estaba empezando a ser evidente que su argumento de que la mente está involucrada de manera activa en la constitución del mundo empírico iba a resultar en filosofía ser la revolución copernicana que él mismo había proclamado.

EL UTILITARISMO DE MILL

filosofía en 30 segundos

La afirmación central de la teoría del utilitarismo de John Stuart Mill es que los actos son correctos en la medida en que tienden a fomentar la felicidad, e incorrectos si producen infelicidad, donde la felicidad significa placer y la infelicidad dolor. Un punto clave es que Mill alude a la felicidad general, o a la mayor felicidad del máximo número posible de personas. Sin embargo, Mill no estaba satisfecho con dejar su formulación tal como estaba, puesto que permitía la posibilidad de que fuera preferible pasar la vida empeñado en afanes hedonistas en lugar de compartir los frutos de la civilización humana. En consecuencia, introdujo la idea de que determinadas clases de placer son mejores que otras. Escuchar a Mozart, por ejemplo, es, probablemente, un placer mejor que comer helado. Justificó esta aseveración apelando a la experiencia: nadie que haya experimentado tanto los placeres más elevados como los más bajos estaría dispuesto a cambiar una vida repleta del primero por una vida dominada por el último. Tal como decía él: «Ningún ser humano inteligente consentiría ser un necio... incluso aunque se le persuadiera de que el necio, el tonto y el granuja están mucho más satisfechos con su suerte que él con la suya».

COMENTARIO EN 3 SEGUNDOS

Un acto es correcto en la medida en que tiende a fomentar la felicidad, particularmente si es una felicidad correcta.

PENSAMIENTO EN 3 MINUTOS

Con respecto al utilitarismo existen ciertas dificultades. Consideremos, por ejemplo, que si un acto es correcto en la medida en que fomenta la felicidad del mayor número posible de personas, entonces podría estar justificado torturar a un ladrón en un estadio de fútbol si esto conllevara que la multitud se fuese a casa feliz. Además, los razonamientos de Mill sobre los placeres son dudosos. El hecho de que las personas que hayan experimentado tanto a Mozart como un helado prefirieran al primero no parece ser un razonamiento moral, sino simplemente una cuestión de gusto personal.

TEMAS RELACIONADOS

véase también
EL IMPERATIVO CATEGÓRICO DE KANT
página 86

EL DILEMA DEL TRANVÍA
página 94

MINIBIOGRAFÍA

JOHN STUART MILL
1806–1873

TEXTO EN 30 SEGUNDOS

Jeremy Stangroom

Según John Stuart Mill, organizar un concierto público con obras de Mozart es bueno, lo mismo que vender helados en el entreacto.

EL MATERIALISMO HISTÓRICO DE MARX

filosofía en 30 segundos

La premisa fundacional del materialismo histórico de Karl Marx es que la forma que la sociedad adopta viene determinada por el modo en que se organiza la producción. Esto ha conllevado una división fundamental entre aquellos que poseen y controlan los medios de producción (fábricas, maquinaria, herramientas, etcétera) y aquellos que no. Marx sostenía que el conflicto entre los «propietarios» y los «no propietarios» ha sido el motor de la historia. El modo más avanzado de organizar la producción es el capitalismo. Se caracteriza por la existencia de dos grandes clases:la burguesía, propietaria de los medios de producción; y el proletariado, que sólo posee su fuerza de trabajo. El proletariado, para subsistir, se ve forzado a vender su fuerza de trabajo a la burguesía. Gastan su energía productiva para el beneficio de la clase que les explota. Esta dinámica hace que el capitalismo resulte inestable. El proletariado, consciente de la realidad de esta situación, puede alzarse y derrocar el sistema existente. Marx argumentaba que es inevitable que el capitalismo se hunda finalmente bajo el peso de sus propias contradicciones. El destino histórico del proletariado es instituir una nueva forma de sociedad, el comunismo, basada en la propiedad colectiva. Con esto, se acabará con la alienación del proletariado y del proceso de trabajo en sí, así como con su humanidad esencial.

COMENTARIO EN 3 SEGUNDOS

La historia de la sociedad es la historia del conflicto entre fuerzas (o clases) sociales opuestas, que sólo cesará cuando los obreros del mundo se alcen, se liberen de sus cadenas y abolan el sistema capitalista.

PENSAMIENTO EN 3 MINUTOS

La idea marxista de que el capitalismo será reemplazado por una sociedad sin desigualdades sistemáticas y sin conflicto no es muy plausible a la luz de los acontecimientos de la historia reciente. No sólo el capitalismo sigue fortaleciéndose, sino que, además, todos los experimentos socialistas del siglo xx acabaron fracasando. Asimismo, los campos de concentración de Hitler y los gulags de Stalin hacen difícil creer que el ser humano se volverá racional y consciente de sí mismo por el colectivismo marxista.

TEMAS RELACIONADOS

véase también

EL IMPERATIVO CATEGÓRICO DE KANT
página 86

EL UTILITARISMO DE MILL
página 90

MINIBIOGRAFÍA

KARL MARX
1818–1883

TEXTO EN 30 SEGUNDOS

Jeremy Stangroom

Según Marx, la burguesía continuará brindando a la salud del proletariado hasta que llegue la revolución.

dia. hole

EL DILEMA DEL TRANVÍA

filosofía en 30 segundos

El dilema del tranvía es un experimento imaginario pensado para ilustrarnos sobre nuestras intuiciones morales. Fue articulado por primera vez por Philippa Foot y su forma básica es la siguiente: un tranvía circula fuera de control por una vía. En su camino hay cinco personas atadas a los raíles. Afortunadamente, es posible mover una palanca que desviará al tranvía por otra vía diferente. Desgraciadamente, hay una persona atada a esa otra vía que morirá si usted mueve la palanca. ¿Qué debería hacer? La mayoría de las personas opinan que es correcto mover la palanca. Si usted está relacionado con la ética utilitarista, según la cual un acto es correcto en la medida en que aumenta la felicidad general, parece que su deber es cambiar el curso del tranvía. Sin embargo, Judith Jarvis Thompson sugiere una interesante variación del dilema del tranvía, que demuestra que nuestras intuiciones utilitaristas no son completamente fiables. El argumento es el mismo, excepto que esta vez usted se encuentra en un puente debajo del cual va a pasar el tranvía, y hay un hombre a su lado. La única manera de salvar a las cinco personas es empujar al hombre a las vías, para que de ese modo el tranvía. pueda detenerse. ¿Es esto lo correcto ? El cálculo moral parece similar: una persona es sacrificada para salvar a cinco. Pero, esta vez, la intuición moral es diferente: las personas suelen pensar que no sería correcto empujar al hombre desde el puente.

COMENTARIO EN 3 SEGUNDOS

Si está bien desviar un tranvía para que atropelle a una persona en lugar de a cinco, ¿por qué no es correcto empujar a un transeúnte delante de un tranvía con el fin de salvar las vidas de cinco personas?

PENSAMIENTO EN 3 MINUTOS

Si desviáramos el tranvía, no haríamos nada directamente contra el hombre atado en la vía, algo que sucedería si empujáramos al hombre desde el puente. Además, el hombre atado a la vía ya está involucrado en los acontecimientos, mientras que el hombre en el puente no. Ninguna de estas dos explicaciones es particularmente satisfactoria; nuestras respuestas a este problema probablemente estén más relacionadas con la psicología humana que con el razonamiento estrictamente moral.

TEMAS RELACIONADOS

véase también
EL IMPERATIVO CATEGÓRICO DE KANT
página 86

EL UTILITARISMO DE MILL
página 90

MINIBIOGRAFÍAS

PHILIPPA FOOT
1920–

JUDITH JARVIS THOMPSON
1929–

TEXTO EN 30 SEGUNDOS

Jeremy Stangroom

Parece que está a punto de ocurrir un accidente ferroviario. ¿Qué haría usted? Decida lo que decida, acabará mal.

RELIGIÓN

RELIGIÓN
GLOSARIO

agnóstico Individuo que evita opinar sobre el tema de la existencia de Dios, quizá debido a que existen evidencias en las dos vertientes de la cuestión.

ateo Individuo que niega la existencia de Dios.

Dios Deidad monoteísta, objeto de reflexión filosófica, vinculada con la tradición judeocristiana occidental. Dios, tal como se concibe filosóficamente, es considerado el creador del universo, omnisciente, omnipotente y fuente de bondad suprema, posiblemente también el árbitro del Bien y del Mal. La filosofía de la religión plantea argumentos a favor y en contra de su existencia, de la caracterización de su naturaleza de Dios, y de la epistemología de la creencia en Él, junto con muchas otras cosas.

diseño Propiedad detectada en los objetos naturales por aquellos que sostienen la existencia de Dios. Si las partes de un objeto muestran cierto tipo de organización (parecen «conspirar juntas para lograr un propósito»), entonces algunos llegan a la conclusión de que hay una inteligencia, acaso una Inteligencia Divina, detrás de la existencia del objeto.

diseño inteligente Movimiento contemporáneo basado en un argumento filosófico muy antiguo a favor de la existencia de Dios denominado *el argumento teleológico* (derivado del griego clásico *telos*, que significa «meta» o «finalidad»). Los pensadores modernos lo denominan *el argumento del diseño*. Existen múltiples objeciones en su contra.

mal, el Término filosófico para referirse al sufrimiento. Aunque el «mal» normalmente alude a los actos humanos inicuos, esta palabra, tal como se utiliza en debates acerca de Dios, alude al dolor y al sufrimiento en general, y, a veces, a la causa del sufrimiento. Un dolor de cabeza es una clase de mal, según este uso. La existencia del mal es un problema para el teísmo.

milagro Según David Hume, un milagro es una violación de una ley de la naturaleza por la intervención de Dios. Por una parte, la comparación de las pruebas a favor de la creencia en milagros, y la creencia en unas leyes de la naturaleza, por la otra, constituyen la base de su escepticismo respecto a los milagros en general.

omnipotencia Atributo divino entendido de diversas maneras: la capacidad de hacerlo todo, de hacer todo lo que es lógicamente posible, de hacerlo todo de acuerdo con la naturaleza de Dios, etcétera. Existen cuestiones relacionadas con la incoherencia, como, por ejemplo, ¿puede Dios crear una piedra tan grande que Él mismo no sea capaz de levantar? Existen también problemas vinculados a la existencia o no de límites en el poder de Dios, dada su bondad.

omnisciencia Atributo divino entendido de diversas maneras: la capacidad de conocer todas las verdades, de saberlo todo, de tener acceso a todas las proposiciones verdaderas, de conocer todo lo que puede conocerse, etcétera. Existen implicaciones respecto a la libertad humana, puesto que, si Dios es omnisciente, entonces, presumiblemente, Él sabe lo que cualquiera de nosotros va a hacer antes de actuar.

ontológico Del ser o relacionado con él, con aquello que existe. El argumento ontológico a favor de la existencia de Dios trata de demostrar que ésta es inherente al concepto mismo de Dios.

suprema bondad Atributo divino entendido de diversas maneras: la capacidad de ser perfectamente bueno, o justo, o amoroso. Existen cuestiones, planteadas por primera vez por Sócrates, concernientes a la relación entre la bondad y la bondad de Dios. ¿Aquello moralmente correcto es ordenado por Dios porque es moralmente correcto, o es moralmente correcto porque Dios lo ordena? Cualquiera de las dos posibilidades no resulta satisfactoria para los teístas.

teísta Individuo que cree en la existencia de Dios.

LAS CINCO VÍAS DE AQUINO

filosofía en 30 segundos

Santo Tomás de Aquino es uno de los primeros pensadores de la tradición teísta occidental en utilizar pruebas empíricas para convencer a los no creyentes de la existencia de Dios. Las cinco vías son cinco pruebas de la existencia de Dios, y cada una de ellas se inicia con una verdad sobre el mundo que es difícil que un no creyente niegue. Aquino argumenta entonces desde esa verdad retrocediendo hasta la existencia de Dios. Por ejemplo, usted puede haberse fijado en que muchas cosas a su alrededor se mueven.Todo lo que se mueve fue desplazado por otra cosa que también se mueve, pues nada lo hace espontáneamente por sí solo. Aquino creía que esta cadena de cosas en movimiento no podía retroceder indefinidamente. El movimiento se detendría en una regresión infinita y nada se movería. Con toda evidencia, las cosas se mueven, de modo que tiene que haber un Primer Motor Inmóvil en el origen que ponga la cadena en marcha. Como concluye Aquino, éste sólo puede ser Dios. Los otros cuatro argumentos se desarrollan más o menos de la misma manera. Por ejemplo, las ideas acerca del hecho de que todos los acontecimientos tienen una causa nos remontan a una causa primigenia, que pone en marcha la esfera causal, mientras que la reflexión sobre los grados de perfección nos remonta a la existencia del Ser Perfecto.

COMENTARIO EN 3 SEGUNDOS

Reflexione sobre la existencia de ciertos elementos innegables, y llegará a la conclusión de que la existencia de Dios es también innegable.

PENSAMIENTO EN 3 MINUTOS

Una de las cinco vías continúa teniendo defensores: el argumento del diseño inteligente. Sus partidarios observan el orden en la naturaleza. Los ojos parecen ideados para la visión, las alas para volar, y así sucesivamente. Críticos muy anteriores a Darwin han respondido, en parte, señalando los numerosos errores de diseño del universo. Comoquiera que sea, ¿de quién fue la idea de hacernos respirar y beber por el mismo conducto? Un pequeño ajuste hubiera evitado que nos atragantemos.

TEMAS RELACIONADOS

véase también
EL ARGUMENTO ONTOLÓGICO DE ANSELMO
página 102

MINIBIOGRAFÍA

SANTO TOMÁS DE AQUINO
1224/1225–1274

TEXTO EN 30 SEGUNDOS

James Garvey

Alguien tuvo que poner en marcha las esferas, ¿no es cierto?

EL ARGUMENTO ONTOLÓGICO DE ANSELMO

filosofía en 30 segundos

Anselmo de Canterbury, posteriormente san Anselmo, creía que simplemente con la razón es posible demostrar que Dios existe, que el alma humana es inmortal y que las escrituras no tienen errores. La mayoría de los argumentos que utilizó con este fin ya no tienen ningún interés. No obstante, su demostración ontológica de Dios perdura como algo vívido en la filosofía moderna. Dice así: (1) Dios se define como «un ser tal que no puede concebirse nada mayor». (2) Es posible que las cosas que existen en la mente, como, por ejemplo, la idea de Dios, también existan en la realidad. Entonces hay dos posibilidades: Dios sólo existe en la mente o en la mente y en la realidad. (3) Si algo existe en la mente y en la realidad, es mayor que algo que sólo exista en la mente. (4) Hemos definido a Dios como «un ser tal que no puede concebirse nada mayor». Sin embargo, si Dios existe sólo en la mente, podemos concebir algo mayor, es decir, un Dios que exista en la mente y en la realidad. Por tanto, Dios no puede existir sólo en la mente. (5) ¡Helo aquí! De esto se infiere que Dios existe, tanto en la mente como en la realidad.

COMENTARIO EN 3 SEGUNDOS

Si Dios existiera sólo en la mente, sería un Dios demediado. Puesto que un Dios demediado no es un Dios, Debe existir también en la realidad.

PENSAMIENTO EN 3 MINUTOS

La demostración ontológica de Anselmo ha generado una extensa bibliografía. No es sorprendente, puesto que el argumento es cautivador y a la vez, sin duda, falso. Una de las primeras críticas que recibió fue manifestada por el monje Gaunilo, un contemporáneo de Anselmo, que demostró que un argumento similar podía utilizarse para cualquier otra entidad: podemos concebir una silla perfecta. Una silla debe ser más perfecta en la realidad que en la mente. Por tanto, la silla perfecta existe. Aunque, probablemente, no estará a la venta en IKEA.

TEMAS RELACIONADOS

véase también
LAS CINCO VÍAS DE AQUINO
página 100

MINIBIOGRAFÍA

ANSELMO DE CANTERBURY
1033–1109

TEXTO EN 30 SEGUNDOS

Jeremy Stangroom

Si Dios no existiese, tendríamos que inventarlo, y tan pronto como lo hiciéramos, haríamos que existiera.

1224
Nace en Roccasecca, cerca de Nápoles

1231
Entra en la escuela de la abadía de Monte Cassino

1239
Estudia en la universidad de Nápoles

1244
Ingresa en la orden de los dominicos.

1250
Es ordenado sacerdote

1252
Entra en la universidad de París para completar el grado de maestría

1262
Concluye su obra maestra *Suma contra los gentiles*

1270–1273
Trabaja en su obra *Suma Teológica*

1273
De pronto deja de trabajar en su obra *Suma teológica*

1274
Muere de camino al segundo concilio de Lyon

TOMÁS DE AQUINO

En 1244, a la edad de 20 años, Tomás de Aquino, que posteriormente sería canonizado y reconocido como uno de los teólogos más destacados de la historia, entró en la orden de los frailes dominicos, que inmediatamente le ordenó que abandonara su Italia natal para trasladarse a París, donde podría continuar con sus estudios. Este hecho incomodó a su gran familia aristocrática, que albergaba esperanzas de que se convirtiera en el abad de Monte Cassino. De modo que organizaron que fuera secuestrado durante el viaje y, a continuación, llevado a la fuerza de regreso a su ciudad natal, Roccasecca, cerca de Nápoles, donde permaneció preso durante más de un año. Sin embargo, se le permitió finalmente regresar con los dominicos y después viajar a París, tras haber demostrado su fe echando a una prostituta que su hermano había contratado con el fin de tentarlo para que abandonara su camino divino.

Desde París, Aquino se trasladó a Colonia, donde fue ordenado sacerdote, antes de regresar a París para iniciar un grado de maestría en teología en la universidad. En 1256 se tituló y se convirtió en profesor universitario. Aquino pasó la mayor parte del resto de su vida viajando entre las instituciones de erudición de Francia e Italia. Aunque falleció cuando sólo tenía 40 años, había escrito un corpus de obras asombrosamente amplio, de muchos millones de palabras.

Esta avalancha de palabras, que dio como resultado obras maestras tales como *Suma contra los gentiles* y *Suma Teológica*, se detuvo abruptamente después de la misa en la fiesta de san Nicolás en 1273, con la siguiente declaración de Aquino: «Todo lo que he escrito me parece paja comparado con lo que me ha sido revelado». Unos meses más tarde, cuando se dirigía a una reunión de un concilio eclesiástico, se golpeó la cabeza con una rama de un árbol y se cayó del asno en el que iba montado. Murió poco después en la abadía cisterciense de Fossanova.

EL ACERTIJO DE EPICURO

filosofía en 30 segundos

Es posible llegar a la conclusión de que la existencia del mal es incompatible con el hecho de que exista un Dios omnisciente, omnipotente y de suprema bondad. Si algo debe existir es Dios, porque lo que no podemos negar es el hecho de la existencia del mal en el mundo. Acaso la primera formulación del denominado «problema del mal» por los teístas se deba al filósofo clásico griego Epicuro. No sabemos exactamente lo que dijo, ya que en lo único en que podemos basarnos es en los escritos de los antiguos cronistas, pero conocemos a ciencia cierta que Epicuro no argumentaba exactamente a favor del ateísmo. Su objetivo general era eliminar el miedo de las vidas humanas, y una gran fuente de temor en su tiempo eran los dioses. Nunca sabías cuándo te iban a castigar. Pero, dada la existencia del mal (o, mejor dicho, del mal arbitrario), parecía que los dioses no tenían mucho que ver con las vidas de los seres humanos. El acertijo, a grandes rasgos, dice así: o bien los dioses quieren hacer algo contra el mal, pero no pueden, o pueden, pero no lo hacen. Por consiguiente, o bien son impotentes, y, por tanto, no tenemos de qué preocuparnos, o son malvados, y, en consecuencia, no son verdaderos dioses.

COMENTARIO EN 3 SEGUNDOS

¿Por qué a los buenos les suceden cosas malas?

PENSAMIENTO EN 3 MINUTOS

Hay muchas respuestas teístas al problema del mal. Algunas de ellas argumentan que el mal que existe es de algún modo necesario, una parte crucial del plan divino. Quizá Dios puso el mal en el mundo para probarnos, para darnos la oportunidad de elegir ser virtuosos. Otros señalan que el mal, aunque sea sólo un poco, es abrumador, una prueba que no podemos evitar y que siempre fallamos. De todas formas, ¿no podía Dios habernos creado virtuosos desde un principio?

MINIBIOGRAFÍA

EPICURO

341–270 a. C.

TEXTO EN 30 SEGUNDOS

James Garvey

¿Cómo es posible que dioses justos permitan que el mal exista? Es una buena pregunta, pero sea cortés cuando se la formule a ellos, por si se muestran desagradables.

EL RELOJERO DE PALEY

filosofía en 30 segundos

Imagínese que está paseando por una playa y se encuentra un reloj. Usted sabe que algo tan complicado e intrincado no puede ser obra de la casualidad. La erosión de las olas en la orilla nunca podría dar como resultado algo así. De modo que llega a la conclusión de que alguien lo construyó expresamente con habilidad y cuidado. Consideremos que el universo es mucho más complejo que un reloj, lo que nos lleva a que es incluso menos probable que sea fruto de la casualidad. Por tanto, tiene que existir un equivalente del relojero, un divino creador: Dios. Esto es lo que argumentó William Paley, aunque, por cierto, muy mal. En primer lugar, sabemos qué es un reloj, y de dónde procede, por lo que, evidentemente, un reloj lleva a un relojero. Pero, como David Hume señaló, no tenemos ni idea de qué cosas crean universos. La experiencia no se puede pronunciar al respecto. Y lo que es peor, sabemos que existe todo tipo de cosas en la naturaleza que crecen y que no han sido construidas: los pollos provienen de huevos, no de talleres. Y, para colmo, la teoría de la evolución de Darwin explica cómo evolucionó la vida compleja, sin un ingeniero divino. De modo que, por muy verosímil que parezca Paley, el tiempo de su relojero ya ha pasado.

COMENTARIO EN 3 SEGUNDOS

El sentido común se enfrenta a Darwin y pierde.

PENSAMIENTO EN 3 MINUTOS

Los teóricos del diseño inteligente utilizan una versión más sofisticada que el argumento de Paley. Defienden que las características particulares de organismos concretos no pudieron haber evolucionado por casualidad, y, por tanto, la mejor explicación de su existencia es el diseño divino. Decir que el diseño inteligente es controvertido es cierto, pero afirmar que la ciencia está dividida sobre esta cuestión es erróneo. Hay dos facciones, aunque casi todos los biólogos piensan que las pruebas favorecen en gran medida a la selección natural frente al diseño inteligente como explicación de la diversidad y la complejidad de la vida en la Tierra.

TEMAS RELACIONADOS

véase también
EL ARGUMENTO ONTOLÓGICO DE ANSELMO
página 102
LAS CINCO VÍAS DE AQUINO
página 100

MINIBIOGRAFÍAS

WILLIAM PALEY
1743–1805

DAVID HUME
1711–1776

TEXTO EN 30 SEGUNDOS

Julian Baggini

Sin duda, algo tan complejo como un reloj no puede aparecer espontáneamente, ¿o sí? Agrupe al azar las piezas de relojería y al final se recompondrán en el orden correcto. Pero tómese su tiempo, pues va a necesitar mucho.

B
J
C
J'
A
N
P
H
K
D
M
F
Q
O
S
FIG. I.

LA APUESTA DE PASCAL

filosofía en 30 segundos

Antes de convertirse en un devoto cristiano, el matemático del siglo XVII Blaise Pascal era jugador. Creó la teoría de la probabilidad y desarrolló un modo de determinar el valor monetario de una apuesta basada en las probabilidades. Pascal afirmaba que decidir si creer en Dios o no es como apostar. Es una apuesta sobre la proposición de que Dios existe. Si Dios existe, entonces la consecuencia de creer en Él es la bienaventuranza eterna, mientras que a los ateos y a los agnósticos les espera el infierno. Por otra parte, si Dios no existe, entonces la consecuencia de creer en él es, en el peor de los casos, vivir religiosamente una vida correcta, mientras que la consecuencia de no creer en él es continuar con nuestra vida como hasta el momento. Pascal observó que las consecuencias de no creer en Dios, si Él en verdad existe, son tan terribles, y las de creer en Él, si en verdad existe, son tan buenas que, incluso si pensáramos que la probabilidad de que Dios exista es muy pequeña, seguiría siendo preferible apostar que existe.

COMENTARIO EN 3 SEGUNDOS

Pascal afirmaba que había demostrado que apostar por creer en Dios vale muchísimo más la pena que apostar por seguir siendo agnóstico o ateo.

PENSAMIENTO EN 3 MINUTOS

El problema del razonamiento de Pascal reside en que no es tan fácil decidir en qué creer y, en particular, creer en Dios si uno realmente piensa que es muy improbable que Dios exista. Y aunque fuera así, no parece muy lógico que Dios (por lo menos el Dios cristiano) estuviese dispuesto a recompensar a una persona que cree en él sobre la base de una apuesta.

TEMAS RELACIONADOS

véase también

HUME CONTRA LOS MILAGROS
página 112

MINIBIOGRAFÍA

BLAISE PASCAL
1623–1662

TEXTO EN 30 SEGUNDOS

Barry Loewer

Dios no juega a los dados, y probablemente no le impresionaría el hecho de que usted apostara si creer en Él o no.

1x1
1x2
1x3
1x4
1x5
1x6
1x6

HUME CONTRA LOS MILAGROS

filosofía en 30 segundos

Nos enteramos de la noticia de que alguien ha levitado en Wichita, Kansas. Si es cierto, sería un milagro: alguien o algo habría suspendido o cambiado las leyes de la naturaleza. ¿Resulta racional creer en este tipo de noticias? Según David Hume, no. Planteó su razonamiento esencialmente para equilibrar probabilidades. ¿Ha habido un ejemplo genuino y confirmado de un verdadero milagro? No. ¿Ha mentido la gente a menudo o se han engañado cuando afirman que han visto un milagro? Sí. Entonces, ¿qué es lo más probable en este caso: de nuevo otro timo o error, o esta vez ha ocurrido un verdadero milagro? Evidentemente, es más probable que se trate de otra falsa alarma. Éste es el caso, incluso si no podemos explicar cómo en realidad ha tenido efecto el «milagro». Sigue siendo más probable que exista una causa natural, que finalmente podremos descubrir o no, antes que las leyes de la naturaleza hayan quedado suspendidas. La conclusión es, por tanto, que nunca existe un buen fundamento racional para creer que ha ocurrido un milagro. La fe puede conducirle a creer en milagros; en cambio, la razón no.

COMENTARIO EN 3 SEGUNDOS

Siempre es más creíble que las noticias de milagros sean increíbles.

PENSAMIENTO EN 3 MINUTOS

¿Es cierto que un milagro requiere romper las leyes de la naturaleza? ¿Dios no podría, por ejemplo, hacer que el mar Rojo separe sus aguas con el fin de permitir que los israelitas escapen mediante medios naturales, exactamente en el momento adecuado? Tal vez, pero a fin de fijar ese momento, tendría que manipular en algún tramo la progresión natural de causa y efecto.

TEMAS RELACIONADOS

véase también

LA APUESTA DE PASCAL

página 110

MINIBIOGRAFÍA

DAVID HUME

1711–1776

TEXTO EN 30 SEGUNDOS

Julian Baggini

Puede que usted crea en milagros, pero, según David Hume, no hay razón para ello.

GRANDES MOMENTOS

GRANDES MOMENTOS
GLOSARIO

a posteriori Término latino que significa «lo que viene después». Los filósofos lo utilizan para referirse al conocimiento que surge después de la experiencia perceptiva o que depende de la experiencia para su justificación.

a priori Término latino que significa «lo que precede». Los filósofos lo utilizan para referirse al conocimiento existente antes de la experiencia (el denominado *conocimiento innato*), o, de forma menos controvertida, al conocimiento que no depende de la experiencia para su justificación.

átomo Vocablo que deriva de la palabra griega clásica *atomos*, que significa «indivisible». Los atomistas sostenían que todo cuanto existe en el Universo está compuesto de bloques constructivos diminutos e indivisibles, que flotan en el vacío y chocan y se combinan con el fin formar objetos visibles.

bien, el Posiblemente la forma última, según Platón. Según muchos cronistas, Platón creía que sólo podemos adquirir sabiduría, es decir, podemos conocer verdaderamente las otras formas, después de haber comprendido la forma del bien.

conciencia indirecta Nuestra precaria relación perceptiva con el mundo. Si somos directamente conscientes de las representaciones mentales internas de los objetos del mundo externo, entonces sólo somos indirectamente conscientes del mundo externo.

epicúreo Relacionado con la filosofía de Epicuro, atomista griego clásico, hedonista, y quizá el primer empírico. A veces, la palabra sólo alude a una mala interpretación de la teoría moral hedonista de Epicuro, y significa, a grandes rasgos, «una persona que se dedica a los bajos placeres carnales».

formas Objetos-concepto perfectos, inmutables, paradigmáticos, o arquetipos, de las numerosas clases de cosas que vemos a nuestro alrededor, postulados por Platón. Existen, por ejemplo, muchas cosas bellas, como hermosos cuadros, personas, paisajes, partituras musicales, etcétera, y lo que todas ellas tienen en común es que se asemejan a la forma de lo bello. Contemplar lo bello, conocerlo, nos permite apreciar mejor las cosas bellas. Las formas permitieron a Platón hallar una permanencia fuera del mundo, que él creía que era necesaria para la existencia del conocimiento genuino.

ideas Noción constituyente del idealismo de George Berkeley. Las ideas son los objetos pasivos del conocimiento humano, que sólo pueden existir en la mente del que los percibe.

mente Noción constituyente del idealismo de George Berkeley. La mente es un contenedor de ideas, o, mejor, un ente que las conoce y que actúa sobre ellas.

mundo externo, el El mundo de los objetos en tanto que existen independientemente de nuestra experiencia sobre ellos, opuesto a nuestro mundo interior de pensamientos, percepciones, sentimientos, etcétera.

propósito Según Aristóteles, una característica fundamental de casi todas las explicaciones. Mientras la ciencia moderna intenta comprender las cosas considerándolas carentes de propósito, Aristóteles veía en todo propósitos, metas y fines: el humo se eleva porque «apunta al cielo», las bellotas crecen porque su fin es convertirse en un roble, etcétera.

Sol, el La representación de la forma del bien en la alegoría de la caverna de Platón. Una vez fuera de la caverna, podemos ver objetos reales, no sólo sombras. Del mismo modo que es posible ver los objetos del mundo gracias a la luz del Sol, Platón sugiere que podremos comprender las formas una vez hayamos captado el bien en sí.

sustrato material Algo, no sabemos qué, que teóricamente sustenta nuestras percepciones de los objetos físicos. No es nada más que la ficción de un filósofo, según George Berkeley.

EL MÉTODO DE SÓCRATES

filosofía en 30 segundos

Se decía que Sócrates era el hombre más sabio de Atenas porque sabía que no sabía nada. En los diálogos de Platón, Sócrates trataba de difundir esta sabiduría mientras deambulaba preguntando a la gente qué pensaba sobre determinado tema, y, a continuación, planteándole preguntas capciosas hasta que se contradecía. Por ejemplo, en el diálogo *La República*, pregunta qué es la «justicia», y Céfalo sugiere que es decir la verdad y pagar las deudas. Entonces, Sócrates pregunta: «Si tomáis prestada una espada de alguien, debéis devolvérsela, ¿no es cierto? Pero, ¿qué haríais si supierais que la persona que quiere que le devolváis la espada se ha vuelto loca de atar?». «Tiene que haber excepciones», admite Céfalo. Entonces, en este caso, la justicia requiere no darle a alguien lo que se le debe. Céfalo ha socavado su propio razonamiento, revelando que no sabe lo que creía que sabía sobre la justicia. Sócrates concluye ahí su argumento, y después vuelve a comenzar con otra persona. Este método puede parecer muy negativo, pero, si queremos lograr creencias verdaderas, debemos poner a prueba concienzudamente las que tenemos. Sócrates sostenía que, si lo hacemos, hallaremos que la mayor parte de las cosas que pensamos son erróneas.

COMENTARIO EN 3 SEGUNDOS

Plantear preguntas, encontrar faltas y convencer a la gente de que no saben de qué hablan.

PENSAMIENTO EN 3 MINUTOS

Muchos han adoptado lo que llaman un «método socrático», aunque a menudo se parece muy poco al enfoque sumamente negativo del propio Sócrates. A veces, el término se utiliza ampliamente para referirse a un riguroso examen de ideas mediante preguntas y respuestas. Otros, pertenecientes al movimiento de filosofía práctica, han desarrollado el diálogo socrático, en el que la discusión es muy democrática y cooperativa, a diferencia del modo en que Sócrates socavaba los razonamientos de sus interlocutores.

TEMAS RELACIONADOS

véase también
LA DIALÉCTICA DE HEGEL
página 132

MINIBIOGRAFÍAS

SÓCRATES
469–399 a. C.

PLATÓN
428/427–348/347 a. C.

TEXTO EN 30 SEGUNDOS

Julian Baggini

Sócrates era sabio; Sócrates era un hombre; todos los hombres son sabios. No, aguarda, esto no puede ser correcto.

LA CAVERNA DE PLATÓN

filosofía en 30 segundos

He aquí un retrato de la condición humana. Algunas personas están sentadas en una oscura caverna, observando las sombras que se proyectan en la pared, pensando que están viendo la realidad. Si sacáramos a una de estas personas a la luz del día, quedaría tan deslumbrada que sería incapaz de ver. Pero, con el tiempo, podría mirar a su alrededor, ver el mundo real, e incluso la fuente de toda luz: el Sol. Sin embargo, si regresara a la caverna, e intentara explicar la verdad a sus habitantes, no sólo se reirían de ella, sino que además la matarían. Ésta es la caverna de Platón, una de las metáforas más vívidas y memorables de todos los tiempos. No es tan difícil descifrarla. Los habitantes de la caverna son las masas ignorantes; las sombras son los objetos físicos particulares y transitorios, más que las «formas» universales eternas de las que todas las cosas terrenales son pálidas imitaciones; la persona que escapa de la caverna es el filósofo; el Sol es el bien, la fuente de toda verdad; y la muerte al final alude a la ejecución de Sócrates, a quien Platón describe planteando la alegoría, prefigurando su propia defunción. ¿La moraleja? Las recompensas de la filosofía no son el elogio, la fama y la riqueza.

COMENTARIO EN 3 SEGUNDOS

Creemos en ilusiones, sin criterio propio, más propensos a ser cegados por la luz que a ser capaces de verla, con excepción de los filósofos, por supuesto.

PENSAMIENTO EN 3 MINUTOS

No se consuele con la idea de que los habitantes de la caverna de la actualidad son sólo aquellos que se sientan paralizados frente al televisor. Es más difícil escapar de la caverna de Platón que todo eso. No sólo los artistas, sino también los científicos físicos, no prestan atención, según el punto de vista de Platón, a las cosas más fundamentales. Esto suscita la pregunta: si la verdad de Platón reside fuera del mundo físico, entonces, ¿en realidad existe? ¿Es posible, o incluso deseable, abandonar la caverna?

TEMAS RELACIONADOS

véase también
EL IDEALISMO DE BERKELEY
página 128

EL SENTIDO COMÚN DE MOORE
página 136

MINIBIOGRAFÍAS

PLATÓN
428/427–348/347 a. C.

SÓCRATES
469–399 a. C.

TEXTO EN 30 SEGUNDOS

Julian Baggini

Si vive en una caverna, piénseselo dos veces antes de salir. Nunca podrá volver a casa.

LAS CUATRO CAUSAS DE ARISTÓTELES

filosofía en 30 segundos

No hay duda de que el filósofo griego clásico Aristóteles era un extraño genio. No sólo aportaba claridad y rigor a toda disciplina que tocaba, sino que, además, inventó otras nuevas. Una de las herramientas intelectuales que utilizaba en su empeño se denomina *las cuatro causas*. Para cualquier pregunta acerca de una cosa que empiece con «por qué», argumenta Aristóteles, hay cuatro tipos de respuesta, cuatro causas explicativas de esa cosa que se pueden identificar. Si tomamos prestado el ejemplo de Aristóteles, podemos contestar a la pregunta: «¿Por qué esto es una estatua?» de cuatro maneras distintas. Es posible decir que (1) es una estatua porque se ha creado con los materiales de los que están hechas las estatuas como, por ejemplo, bronce o piedra (su causa material); es posible afirmar que (2) es una estatua porque es la clase de objeto que es (su causa formal); que (3) es una estatua porque la creó un escultor (su causa eficiente), y por último, podemos decir que (4) es una estatua porque hace lo que se supone que las estatuas deben hacer, como, por ejemplo, decorar una habitación (su causa final). Conocer las cuatro causas implica conocer no sólo los datos físicos de una cosa, sino también comprender su punto y su propósito.

COMENTARIO EN 3 SEGUNDOS

¿Por qué? es la pregunta.

PENSAMIENTO EN 3 MINUTOS

No sólo las estatuas, sino también los objetos naturales, tienen puntos y propósitos, según Aristóteles. El propósito de una bellota, por ejemplo, es convertirse en un roble. Si no lo sabemos, no comprendemos verdaderamente a una bellota, o eso creía Aristóteles. Se precisó mucho tiempo , unos 2.000 años de pensamiento, y la aparición de otro extraño genio, Charles Darwin (1809-1882), para que pudiéramos ir más allá de los propósitos aristotélicos.

TEMAS RELACIONADOS

véase también

LA TEORÍA DE LAS DESCRIPCIONES DE RUSSELL
página 22

MINIBIOGRAFÍA

ARISTÓTELES
384-322 a. C.

TEXTO EN 30 SEGUNDOS

James Garvey

A Aristóteles le gustaba dar respuestas muy completas; cada pregunta tenía, como mínimo, cuatro.

4
4

EL ATOMISMO DE LUCRECIO

filosofía en 30 segundos

Aunque el poema de Lucrecio *De la naturaleza de las cosas* no tiene demasiado interés filosófico, se puede leer por su excepcional belleza. Pero esta obra es también la expresión más reveladora de la visión epicúrea del mundo de la antigüedad, y esto también la convierte en filosóficamente extraordinaria. Epicuro (341-270 a. C.) sostenía que todo estaba compuesto de minúsculos átomos indestructibles que flotan en el espacio vacío. Lucrecio lleva el atomismo aún más lejos, aunque rinde homenaje a Epicuro en prácticamente cada página de su poema. Desarrolla una concepción de las cosas completamente naturalista, una visión del universo igual de mecanicista y ausente de propósito. Sin embargo, la ausencia de propósito representa mucho más que un frío consuelo. Los seres humanos ya no están sujetos al capricho de los dioses, ni tampoco atrapados en las redes del destino. A Lucrecio, las explicaciones sobrenaturales de los acontecimientos no sólo le parecían peregrinas, sino también ridículas, e incluso infantiles. En sus manos, el atomismo se convierte en algo similar a una posición filosófica genuina, no sólo en una proposición. En la visión atomista, los átomos que flotan en el vacío se combinan entre sí de diferentes maneras para formar absolutamente todo. Son todo lo que necesitamos para comprender no sólo nuestro mundo, sino también a nosotros mismos. Los puntos de vista de Lucrecio constituyen un importante alejamiento de la superstición religiosa. En su poesía, la raza humana se engrandece.

COMENTARIO EN 3 SEGUNDOS

Cientos de años antes de que Robert Boyle sugiriera que la materia quizá no estuviera constituida por tierra, aire, fuego y agua, un poeta romano ya hablaba sobre los átomos.

PENSAMIENTO EN 3 MINUTOS

Existen algunos pasajes impresionantes en el poema de Lucrecio, que evocan la teoría evolucionista, en particular, y la ciencia moderna, en general. Leemos esos pasajes y nos preguntamos por qué no se avanzó más deprisa en la investigación científica después de Lucrecio. De hecho, esta obra no se leyó ampliamente hasta su redescubrimiento en el Renacimiento. Podemos preguntarnos qué tipo de mundo habitaríamos si Lucrecio se hubiera tomado más en serio en su época.

TEMAS RELACIONADOS

véase también
EL DEMONIO DE LAPALACE, DETERMINISMO Y LIBRE ALBEDRÍO
página 74

MINIBIOGRAFÍAS

LUCRECIO
99–55 a. C.

ROBERT BOYLE
1627–1691

TEXTO EN 30 SEGUNDOS

James Garvey

Dieciséis siglos antes de la aparición de los primeros químicos, Lucrecio ya había sustituido la tierra, el aire, el fuego y el agua por un mundo compuesto de minúsculos átomos.

1889
Nace en Viena, en Austria-Hungría

1911
Llega a Cambridge para estudiar filosofía con Bertrand Russell

1922
Se publica *Tractatus logico-philosophicus*

1927
Inicia discusiones con algunos miembros del círculo de Viena

1929
Regresa a Cambridge, donde ocupa un puesto como docente un año después

1939
Se le asigna una cátedra en Cambridge

1947
Presenta su dimisión en Cambridge

1951
Muere en Cambridge

1953
Se publica su segunda gran obra, *Investigaciones filosóficas*

LUDWIG WITTGENSTEIN

Muchos consideran a Ludwig Wittgenstein el filósofo más importante del siglo XX. Resulta un tanto irónico, pues quizás el episodio más conocido de su vida sea que amenazó a su colega, el también filósofo Karl Popper (1902-1994), con un atizador, durante una disputa acerca de las normas morales en el Cambridge Moral Science Club en octubre de 1946. Este hecho es testimonio de una vida vivida con cautivadora, aunque a veces trágica, intensidad.

Wittgenstein nació en Viena el 26 de abril de 1889 en el seno de la familia de un próspero industrial austríaco. Su educación formal fue poco ortodoxa (de hecho, no asistió a la escuela hasta que cumplió los 14 años), pero, no obstante, logró asegurarse una plaza en la universidad de Manchester para estudiar ingeniería. Fue aquí donde comenzó a interesarse por la filosofía, y siguiendo el consejo del filósofo Gottlob Frege (1848-1925), se trasladó a Cambridge en 1912 para estudiar con Bertrand Russell (1882-1970).

No permaneció en Cambridge durante mucho tiempo, pero se hizo inmediatamente evidente que poseía una mente brillante. Escribió el manuscrito que se convertiría en su primera gran obra, *Tractatus logico-philosophicus*, mientras servía en el frente oriental durante la primera guerra mundial. Sin embargo, tras la publicación del libro en 1922, Wittgenstein abandonó completamente la filosofía para convertirse en maestro de escuela y después en jardinero. Tardó cerca de cinco años en recuperar su interés por la filosofía, cuando inició sus charlas con el grupo de filósofos del círculo de Viena. Empezó a pensar que quizá el enfoque que había aplicado en el *Tractatus logico-philosophicus* fuera erróneo. Esta incipiente comprensión le condujo a la segunda fase de su carrera, durante la cual impartió clases en el Trinity College, en Cambridge, y abrió camino al enfoque que se convertiría en «filosofía del lenguaje corriente» después de la segunda guerra mundial.

Wittgenstein murió en 1951 a la edad de 61 años, pero no antes de completar su segunda obra de genio, *Investigaciones filosóficas*, publicada póstumamente, en la que exponía sus nuevas ideas sobre el significado y el lenguaje.

EL IDEALISMO DE BERKELEY

filosofía en 30 segundos

COMENTARIO EN 3 SEGUNDOS
Según Berkeley, todo está en la mente.

PENSAMIENTO EN 3 MINUTOS
Si esta manzana sólo puede existir en la mente del que la percibe, entonces, ¿deja de existir cuando cierro los ojos? Berkeley argumenta que Dios percibe, y, por consiguiente, sustenta, todo el universo, tanto si estamos mirándolo como si no. Muchos consideran esta respuesta como meramente *ad hoc*, pero para Berkeley la existencia continua de todo constituye la demostración no sólo de la existencia de Dios, sino también de Su benevolencia.

Puede que todos aceptemos que nuestros sentidos nos proporcionan una imagen mental del mundo, pero no todos comprendemos lo que esto implica. Significa que sólo somos indirectamente conscientes del mundo a través de nuestras representaciones mentales internas de él. Si es usted escéptico, puede que se pregunte cómo sabemos que nuestras imágenes mentales representan verdaderamente lo que hay ahí fuera. La sorprendente respuesta de George Berkeley a esta preocupación escéptica fue el idealismo: negar la existencia de todo, excepto de la mente y de las ideas que alberga. No hay espacio para el escepticismo sobre el mundo exterior, porque no existe un mundo exterior, ninguna materia que sustente nuestra experiencia. En cierto modo, siguen existiendo cosas. Agrupamos nuestras experiencias sensoriales recurrentes y les ponemos nombres. «Manzana» es la palabra con la que hemos bautizado a un conjunto coherente de sensaciones rojas, crujientes y dulces. Es todo lo que es una manzana para Berkeley. Suponer que existe algo más, algo ahí fuera, es ir más allá de la evidencia de la experiencia. Peor aún es tener el absurdo pensamiento de que el dulzor puede existir sin haberlo probado, que el color rojo puede existir sin haberlo visto nunca. Si no está de acuerdo, tenga en cuenta que usted mismo es la prueba de algo más, un sustrato material que se suma al testimonio de nuestros sentidos. El peso de la prueba, como diría Berkeley, recae sobre usted.

TEMAS RELACIONADOS
véase también
LA CAVERNA DE PLATÓN
página 120

LA TEORÍA FIGURATIVA DEL LENGUAJE DE WITTGENSTEIN
página 138

MINIBIOGRAFÍA
GEORGE BERKELEY
1685–1753

TEXTO EN 30 SEGUNDOS
James Garvey

Sin los medios para percibir el universo, ¿existiría?

EL JUICIO SINTÉTICO *A PRIORI* DE KANT

filosofía en 30 segundos

Prepárese para dos difíciles diferencias. Immanuel Kant distingue entre proposiciones analíticas y sintéticas. Una proposición es analítica si sus predicados están contenidos en su sujeto. Una proposición es sintética si añade nuevos predicados al sujeto. Por tanto, «los triángulos tienen tres lados» es una proposición analítica (porque la característica «tres lados» forma parte del concepto de «triángulo»). «Los triángulos se transforman en unas velas excelentes» es una proposición sintética (porque el dato acerca de las velas no es una parte del concepto «triangular»). Kant también distingue entre el conocimiento *a priori* y *a posteriori*. El primero está asegurado por la reflexión, mientras que el segundo requiere una investigación empírica. Parece que sólo se puede llegar a las proposiciones analíticas mediante una reflexión *a priori*, y que las proposiciones sintéticas requieren cierta investigación *a posteriori*. Ahí está el inconveniente. Kant argumenta que las verdades metafísicas deben ser extraños híbridos sintéticos *a priori*: oraciones tanto informativas como conocidas, sin recurrir a la experiencia. Deben ser sintéticas (y decir algo nuevo que no esté contenido en el sujeto), además de *a priori* (y llegar a ellas con independencia de la experiencia). Por ejemplo, «Todo acontecimiento tiene una causa» parece ser una afirmación sintética *a priori*. El concepto de «acontecimiento» no alberga una «causa», y no existe forma alguna de que nuestras limitadas experiencias puedan asegurar que una afirmación general sobre cada acontecimiento tenga una causa a través del tiempo.

COMENTARIO EN 3 SEGUNDOS

Las proposiciones metafísicas verdaderas no sólo dicen cosas raras, sino que lo son.

PENSAMIENTO EN 3 MINUTOS

Si Kant está en lo cierto respecto a que las proposiciones metafísicas son extraños híbridos, entonces ha logrado explicar por qué los racionalistas y los empíricos tienen tantos problemas para asegurar las verdades metafísicas. Los racionalistas buscan la verdad a través de la reflexión, y los empíricos justifican las creencias a través de la experiencia. Si Kant está en lo cierto, se precisa un enfoque de la metafísica totalmente nuevo. El nuevo enfoque, a fin de cuentas, probablemente cambió toda la trayectoria de la filosofía occidental.

TEMAS RELACIONADOS

véase también

EL LENGUAJE DEL PENSAMIENTO DE FODOR
página 60

MINIBIOGRAFÍA

IMMANUEL KANT

1724-1804

TEXTO EN 30 SEGUNDOS

James Garvey

Immanuel Kant averiguó cómo una creencia puede ser también verdadera. ¿Suena extraño? Es que lo es.

LA DIALÉCTICA DE HEGEL

filosofía en 30 segundos

G. W. F. Hegel creía que el objetivo de la filosofía es desarrollar el aparato conceptual necesario para comprender la totalidad de lo real, o, tal como la llamaba él, «el Espíritu Absoluto». La evolución hacia esta meta se verifica a través de un proceso dialéctico, mediante el cual las concepciones menos apropiadas de la realidad son superadas por otras mejoradas que las sustituyen pero que, no obstante, están contenidas en ellas. La dialéctica tiene una estructura triádica: en términos generales, la idea es que cualquier concepto o fenómeno (tesis) manifestará en sí mismo aspectos contradictorios (antítesis), que requieren una evolución hacia la resolución (síntesis). Por tanto, un concepto particular o tesis (concepto 1) no será suficiente para describir la realidad, y contendrá en sí contradicciones que encierran su opuesto o antítesis (concepto 2). La solución a esta tensión es un movimiento hacia una síntesis (concepto 3), que preserva la tesis y la antítesis originales, a la vez que invalida su oposición lógica. Éste es un proceso en constante evolución.El concepto 3 se convierte en una nueva tesis, que contendrá en sí misma su propia antítesis (concepto 4), impulsando así el movimiento hacia una síntesis (concepto 5). Según Hegel, el progreso dialéctico continuará de este modo hasta que el Espíritu Absoluto sea consciente de sí mismo en tanto que pura libertad.

COMENTARIO EN 3 SEGUNDOS

La historia progresa mediante un proceso dialéctico, que tiene lugar a medida que el Espíritu Absoluto desarrolla una comprensión cada vez más sofisticada y precisa de sí mismo como idéntico a la totalidad de lo real.

PENSAMIENTO EN 3 MINUTOS

La dificultad de la prosa de Hegel ha llevado a algunos a sospechar que la hizo más complicada deliberadamente para crear una apariencia de profundidad donde no existía. La aparición del positivismo lógico, con su aseveración de que las afirmaciones sólo son significativas si son verdaderas por definición o empíricamente verificables, socavó el atractivo de la filosofía de Hegel. Para muchos, su filosofía es justamente lo que se debe evitar para crear una buena obra.

TEMAS RELACIONADOS

véase también
EL MÉTODO DE SÓCRATES
página 118

MINIBIOGRAFÍA

G. W. F. HEGEL
1770–1831

TEXTO EN 30 SEGUNDOS

Jeremy Stangroom

Según Hegel, nuestra comprensión del universo se desarrolla en una continua pugna entre contradicciones. Dado que razonamos cada punto de vista contrario, nos vamos aproximando lentamente a la verdad.

EL PRAGMATISMO DE JAMES

filosofía en 30 segundos

No demasiadas posturas filosóficas proceden de reflexiones sobre las ardillas, pero, sin embargo, sí lo hace la concepción del pragmatismo de James. Cuenta que, mientras regresaba de un paseo por el bosque, encontró a sus amigos debatiendo acerca de un hombre que trata de vislumbrar fugazmente a una ardilla que se mueve en sincronización con él alrededor del tronco de un árbol. El hombre da vueltas alrededor del árbol, y la ardilla está en él, pero la cuestión en debate era si el hombre daba vueltas alrededor de la ardilla. La respuesta de James fue preguntar si a alguien le afecta en la práctica el hecho de que se dé una u otra respuesta. Si no afecta en nada, entonces las alternativas son prácticamente las mismas, y la polémica es ociosa e innecesaria. Si sustituimos la reflexión sobre las ardillas por las cuestiones filosóficas (por ejemplo: ¿Estamos determinados o somos libres? ¿Estamos hechos de materia o de mente?), nos encontraremos en una posición filosófica sobria y tendremos una forma de llegar a conclusiones en controversias metafísicas por demás interminables. Aquí hay también una teoría de la verdad. Una creencia es verdadera si nos ayuda a progresar en la práctica de vivir, si es útil, funcional, y, por tanto, práctica. Para James, no hay nada más que esto en la naturaleza de la verdad.

COMENTARIO EN 3 SEGUNDOS
Las únicas diferencias que importan son las prácticas.

PENSAMIENTO EN 3 MINUTOS
Muchos ponen objeciones, probablemente con razón, a las implicaciones del pragmatismo con la religión. James argumenta que en ciertas circunstancias religiosas hay espacio para elegir creer lo que consideramos enriquecedor, práctico y útil. Puede que mi creencia de que Jesús me ama me ayude a superar el día a día, pero, ¿es suficiente para llegar a la conclusión de que es verdad?

TEMAS RELACIONADOS
véase también
EL SENTIDO COMÚN DE MOORE
página 136

MINIBIOGRAFÍA
WILLIAM JAMES
1842–1910

TEXTO EN 30 SEGUNDOS
James Garvey

Dar vueltas y más vueltas a razonamientos filosóficos prolijos es una pérdida de tiempo. Según James, si los razonamientos no tienen utilidad, jamás podrán ser verdaderos.

EL SENTIDO COMÚN DE MOORE

filosofía en 30 segundos

G. E. Moore dio el extraordinario paso, filosóficamente hablando, de argumentar a favor de lo que todo el mundo probablemente cree que es cierto, lo que él denomina «la visión de sentido común del mundo». Su punto de vista representa un alejamiento de una larga tradición filosófica, que se remonta a los filósofos presocráticos, y sostiene que la filosofía revela la naturaleza verdadera o subyacente del mundo mediante la desestimación de las creencias comunes que tenemos sobre cómo son las cosas. Según Moore, nuestras creencias cotidianas del sentido común son más o menos acertadas: hay una Tierra que existe desde hace mucho tiempo, y otras personas, así como muchísimos objetos, y conozco todo esto, al igual que otras personas. Fue célebre su «demostración» de la existencia de los objetos externos. Lo hizo levantando una mano y diciendo, al mismo tiempo que realizaba determinado gesto: «He aquí una mano» y, levantando la otra mano y diciendo, acompañado de un ademán: «He aquí otra». Por tanto, el mundo exterior existe. Es una prueba perfectamente válida, arguye, porque las premisas albergan en sí mismas la conclusión y, además, son diferentes a ella. Nada se conoce mejor, creía él, que las verdades del sentido común, tales como la existencia del mundo exterior.

COMENTARIO EN 3 SEGUNDOS

El sentido común gana al escepticismo de forma abrumadora.

PENSAMIENTO EN 3 MINUTOS

Tal vez exista algo aparentemente profundo en la defensa de Moore del sentido común. No sólo organiza premisas para apoyar una conclusión. Quizá también apunte hacia una distinción entre demostrar filosóficamente que una afirmación es cierta y poseer una base para el conocimiento del sentido común. Sabe que tiene manos (mirad, aquí están), pero quizá los escépticos estén en lo cierto y él no pueda proporcionar ningún argumento a favor. Y entonces, ¿qué? Lo más importante es nuestro conocimiento del sentido común.

TEMAS RELACIONADOS

véase también
EL PRAGMATISMO DE JAMES
página 134

MINIBIOGRAFÍA

G. E. MOORE
1873–1958

TEXTO EN 30 SEGUNDOS

James Garvey

Simplemente con su sentido común, Moore tenía el mundo entero en sus manos.

LA TEORÍA FIGURATIVA DEL LENGUAJE DE WITTGENSTEIN

filosofía en 30 segundos

Ludwig Wittgenstein estaba atormentado por las cuestiones acerca del significado y de la lógica. En su *Tractatus Logico-Philosophicus* desarrolló una «teoría figurativa» del significado. El *Tractatus* comienza con la proposición: «El mundo es todo lo que acaece» y acaba con: «De lo que no podemos hablar, mejor callarse». Entre ellas, a la manera de un oráculo, Wittgenstein desarrolla un tratado sobre el lenguaje, la lógica y el mundo, en el que este último consiste en la disposición de objetos simples en hechos, y el lenguaje logra representar los hechos mdiante figuras. Comparaba el lenguaje con modelar las posiciones de los vehículos involucrados en un accidente con automóviles de juguete. Una sencilla proposición relacional «Rab» ilustra que el objeto «a» guarda una determinada relación «R» con el objeto «b». Wittgenstein consideraba que cualquier oración con significado podía traducirse en una frase del lenguaje ideal, compuesta de proposiciones simples y de las palabras «o», «y» y «no». Por tanto, una oración corriente como: «La cena está en la mesa» equivale a una frase gigantesca compuesta de estas palabras y de proposiciones simples que hacen referencia a objetos básicos. No queda muy claro qué son exactamente las proposiciones simples o los objetos simples; no obstante, la obra de Wittgenstein ejerció gran influencia en la filosofía del siglo xx.

COMENTARIO EN 3 SEGUNDOS

La teoría figurativa del lenguaje de Wittgenstein compara una oración con una imagen abstracta, cuya estructura ilustra una situación posible.

PENSAMIENTO EN 3 MINUTOS

Wittgenstein era una persona carismática. Aunque pretendía lo contrario, algunos de sus seguidores le trataban como una especie de figura de culto, e incluso imitaban su forma de hablar y sus gestos. Wittgenstein decía que se volvió filósofo porque estaba atormentado por cuestiones filosóficas, pero aconsejaba a sus seguidores que no siguieran su camino.

TEMAS RELACIONADOS

véase también
EL IDEALISMO DE BERKELEY
página 128

MINIBIOGRAFÍA

LUDWIG WITTGENSTEIN
1889–1951

TEXTO EN 30 SEGUNDOS

Barry Loewer

Para muchos, una imagen vale más que mil palabras. La obra de Wittgenstein sugiere que es mejor una palabra por imagen.

FILOSOFÍA CONTINENTAL

FILOSOFÍA CONTINENTAL
GLOSARIO

deconstrucción Rama de la filosofía o del método crítico, popularizada por Jacques Derrida, mediante la cual un texto puede analizarse y comprobar que tiene varios significados en lugar de uno solo unificado.

existencialismo Conjunto de doctrinas vinculadas, básicamente, con la idea de que los seres humanos crean significado en sus vidas existiendo de una manera determinada. La visión opuesta tradicional sostiene que el significado lo fijan los dioses o, quizá, que está preestablecido por una naturaleza esencial. Fracasar en reconocer la propia libertad es vivir de mala fe.

hermenéutica Estudio de la interpretación de los textos. Una tentativa para encontrar una manera de comprender el modo en que otra persona entiende una cosa.

libertad radical Característica definitoria de nuestra calidad de seres humanos, según algunos existencialistas. Puede que no seamos capaces de controlar el mundo en el que nos hallamos, pero tenemos una capacidad absoluta, casi nauseabunda, de elegir nuestras propias acciones, y, en cierto sentido, de crearnos de nuevo a nosotros mismos en cada elección.

muerte de Dios, la Expresión de Friedrich Nietzsche para designar la crisis de valores. Como hemos atravesado intelectualmente la Ilustración, ya no podemos creer verdaderamente en los valores ultramundanos ofrecidos por la fe religiosa. Dios ha muerto para nosotros, en el sentido en que no podemos seguir apoyándonos en un sistema de valores basado en la superstición religiosa. Se necesita algo real sobre lo que fundamentar un nuevo sistema de valores.

nihilismo Conjunto de puntos de vista que niegan que el significado objetivo o valor genuino esté adscrito a algún aspecto del mundo humano. Si Dios no existe, sostienen algunos, entonces no existe una fuente de moral objetiva en particular, o un valor en general. Sin esto, ningún acto es preferible a otro. La existencia humana, por tanto, no tiene sentido.

pavor Indicador fundamental en el camino hacia la comprensión de la naturaleza de la nada, y, por tanto, del propio ser, según Martin Heidegger. El pavor surge cuando consideramos nuestra propia mortalidad, el hecho de que nuestras vidas tendrán un final. Es el reconocimiento de la nada, que hace mucho más que esperarnos:

modela nuestras vidas, las convierte en lo que son. Para Heidegger es una clave de la conexión entre la nada y el ser. Para los filósofos existencialistas, generalmente el pavor está relacionado con la comprensión de las implicaciones plenas de la libertad, con el pensamiento de que nada está predeterminado, y que podemos abstenernos de actuar.

ser, el El tema descuidado de la filosofía, según Martin Heidegger. Tiene en cuenta no los seres particulares estudiados por las ciencias, sino el ser en sí, «aquel sobre cuya base los seres ya son comprendidos». Lo único que se puede hacer, sostiene, es reconsiderar por completo la historia de la filosofía, para detectar los pasos erróneos que nos condujeron a la inadecuada interpretación del ser, desde los antiguos griegos hasta la era moderna.

texto Para algunos deconstructivistas, un «texto» no sólo consta de la palabra escrita, sino de cualquier cosa que esté «abierta a la interpretación», como puede ser una conferencia, la pintura, la arquitectura, incluso las experiencias perceptivas.

Übermensch Término alemán que se traduce de diversas formas, como «Superhombre» o «Sobrehumano» (*über* significa «superior» y *Mensch* alude a la raza humana en general). Según Friedrich Nietzsche, con la muerte de Dios, el ser humano se enfrenta a una crisis de valores. Sólo algo más que humano, el «Superhombre», es capaz de crear valores y, de este modo, evitar los horrores del nihilismo.

EL SUPERHOMBRE DE NIETZSCHE

filosofía en 30 segundos

El filósofo alemán Friedrich Nietzsche pronunció la célebre afirmación de que Dios ha muerto, y, por esta razón, muchos lo consideran nihilista, partidario de la postura de que nada importa. Pero el nihilismo fue su punto de partida, no su conclusión. Su objetivo era rescatarnos de él, no conducirnos a él. Al decir que Dios ha muerto, Nietzsche atrae nuestra atención hacia una crisis de valores. Nosotros, los modernos, argumenta, hemos atravesado la Ilustración y ya no podemos seguir apoyándonos en el viejo sistema de valores, basado, como está, en la superstición religiosa. Si no tenemos ningún sistema de valores, entonces estamos verdaderamente condenados, perdidos en un mar nihilista. Lo que necesitamos es algo más que humano, un creador de nuevos valores en el mundo, un ser auténticamente libre, que elija lo que importa, y viva como quiera. Es el Superhombre. Antes de llegar a la conclusión de que es algo así como un hombre perfecto, tenga en cuenta que lo encontraría completamente aterrador. El Superhombre, según Nietzsche, es un guerrero, un conquistador, una concentración de ego, que sólo se preocupa de sí mismo y de sus asuntos personales. Usted y yo seríamos aplastados bajo sus pies como los despreciables gusanos que somos.

COMENTARIO EN 3 SEGUNDOS

Mirad al cielo: ¿es un pájaro?, ¿es un avión?; no, ¡es el Superhombre!

PENSAMIENTO EN 3 MINUTOS

Nietzsche se erigió en el centro de una acalorada polémica debido al Superhombre. Es cierto que algunas partes de su pensamiento fueron usurpadas por los nazis y, más adelante, mal interpretadas por muchos de sus ingenuos seguidores. Todo esto hubiera asqueado a Nietzsche. Dedicó una sarta de palabras a los racistas en general y a los nacionalistas alemanes en particular. Ambos tipos de necios, opinaba él, eran demasiado humanos.

TEMAS RELACIONADOS

véase también
LA NADA DE HEIDEGGER
page 150

MINIBIOGRAFÍA

FRIEDRICH NIETZSCHE
1844–1900

TEXTO EN 30 SEGUNDOS

James Garvey

La vida moderna ha acabado con los ángeles y las supersticiones, y Nietzsche llena el vacío con una versión magnificada y más perfecta de nosotros mismos.

1844
Nace en Röcken

1864
Entra en la Universidad de Bonn

1868
Se encuentra por primera vez con Richard Wagner

1869
Nombrado profesor de Filosofía de la universidad de Basilea

1872
Se publica *El nacimiento de la tragedia*

1879
Presenta su dimisión en la universidad de Basilea

1885
Se publica *Así habló Zaratustra*

1886
Se publica *Más allá del bien y del mal*

1887
Se publica *Genealogía de la moral*

1900
Muere en Weimar

FRIEDRICH NIETZSCHE

En enero de 1889, Friedrich Nietzsche, el gran filósofo alemán, que había escrito obras tan fulgurantes como *Así habló Zaratustra*, *Más allá del bien y del mal* y *Genealogía de la moral*, observó a un cochero fustigar a su caballo en la plaza Carlo Alberto de Turín. No lo pudo soportar: se lanzó al cuello del caballo y sufrió un colapso. Le había sobrevenido la locura y nunca más volvió a escribir una sola palabra cuerda.

La tragedia de la locura de Nietzsche era previsible. Su vida fue difícil desde el principio. Nació en octubre de 1844 en el seno de una familia luterana. El padre de Nietzsche perdió la cabeza cuando el joven Friedrich sólo tenía cinco años. No obstante, esto no le impidió destacar en la escuela, y más tarde en la universidad, y, como caso excepcional, ocupó la cátedra de Filología en la universidad de Basilea cuando sólo tenía 24 años. Sin embargo, sufrió una constante mala salud, que le debilitaba, y, en 1879, dolencias como las migrañas, los problemas de visión y los vómitos le obligaron a abandonar la universidad.

Durante los siguientes diez años de su vida pasó de una casa de huéspedes a otra en Alemania, Italia y Suiza, casi siempre solo, y constantemente enfermo. No obstante, fue un período notablemente productivo. Solamente en su último año activo pudo completar *Escritos sobre Wagner*, *El crepúsculo de los ídolos*, *El anticristo*, *Ecce Homo* y *Nietzsche contra Wagner*.

Nietzsche no vivió lo suficiente para ser testigo de la amplitud de su influencia. Los restantes años de su vida estuvo recluido en un sanatorio mental en Basilea, al cuidado de su madre y después de su hermana (que fue en parte responsable de los vínculos posteriores entre las ideas de Nietzsche y el nacionalsocialismo). Murió el 25 de agosto de 1900 y fue enterrado en la parcela familiar.

LA DECONSTRUCCIÓN DE DERRIDA

filosofía en 30 segundos

La idea de que el significado es esquivo, contradictorio, estratificado e impreciso se encuentra en la mayor parte de la obra de Jacques Derrida. En términos sencillos, la deconstrucción es una técnica para la lectura de textos que cuestiona radicalmente su significado. Rechaza la idea de que existe una sola interpretación correcta de un texto que está determinada por el significado estándar de sus palabras. Por el contrario, tendríamos que leer un texto para extraer sus contradicciones o ambigüedades ocultas; o podríamos examinar lo que un texto no dice, con la esperanza de que aquello que está ausente pueda revelar más sobre su significado que lo que está presente.

Este enfoque cuestiona la primacía de la intención del autor. Derrida no creía que la intención no tuviera ningún interés en el proceso de deconstrucción. No obstante, existe la posibilidad de que un texto signifique algo bastante diferente de lo que el autor pretendía. En particular, su lógica interna podría sugerir una lectura muy alejada de cómo se interpretaría normalmente el texto. La deconstrucción, pues, es un método que se basa en subvertir la apariencia superficial de un texto, con el fin de revelar los estratos ocultos de su articulación. Su objetivo es tratar de demostrar que los textos contienen una lógica contradictoria, que suele pasarse por alto en los tratamientos más ortodoxos.

COMENTARIO EN 3 SEGUNDOS

Una lectura deconstructiva profundizará en un texto, y demostrará que fuera lo que fuese lo que usted creía que significaba el texto, probablemente quería decir lo contrario.

PENSAMIENTO EN 3 MINUTOS

En cierto sentido, el método deconstructivo de Derrida es inobjetable: durante siglos el ser humano ha estado examinando textos para descubrir significados ocultos. Sin embargo, existen ciertos problemas con el enfoque de Derrida. Cabe destacar que, en ocasiones, parece sugerir que la naturaleza esquiva del lenguaje, y el carácter autorreferencial de un texto, problematizan la idea de que las palabras aluden a cosas particulares del mundo. Esto amenaza la distinción entre la verdad y la falsedad.

TEMAS RELACIONADOS

véase también
EL LENGUAJE DEL PENSAMIENTO DE FODOR
página 60

MINIBIOGRAFÍA

JACQUES DERRIDA
1930–2004

TEXTO EN 30 SEGUNDOS

Jeremy Stangroom

Una vez deconstruido, este texto describe la imagen de la derecha... ¿O no?

the soft thrumming of
I glanced into the ca
it might have been an
similar establishments
parts of Andalusia.
walk past when a sm
fell squarely in
than a little annoyed.
me, displaying two ro
gold-crowned teeth.
John Baily of the
photograph
note the
ensions of parts A and B, opposite p
nd then check your lathe. You may
necessary to alter some of the dimensi
ven. Note also that the holder, or fra
hich carries the spindle is slotted to t
e bushing, F, which also is slotted. T
nstruction permits adjustments wh
minate both lateral and end play a
ake it possible to adjust the spindle, p
for a certain amount of drag, which
sirable when doing some types of wo
The angle bracket, part B,
perm
oth late
sible to a
ain am

LA NADA DE HEIDEGGER

filosofía en 30 segundos

El filósofo alemán Martin Heidegger argumenta que la historia de la filosofía occidental se basa en un error. Los filósofos siempre han tratado las cuestiones metafísicas en términos de este o de aquel objeto o ser particular, pero no en el Ser en sí, el Ser como tal, que posibilita que las cosas individuales con propiedades existan desde un principio. Una parte de los esfuerzos de Heidegger por explorar la naturaleza del Ser, en este sentido, es la consideración de la nada. Conduce a la que muy bien podría ser la primera cuestión de la metafísica, quizá incluso la única verdadera cuestión filosófica: «¿Por qué hay algo en lugar de nada?». Para responder a esta pregunta, necesitamos tener una concepción de la nada. La nada no es una cosa en particular, o una clase de cosa, y tampoco es exactamente una ausencia. Al reflexionar detenidamente sobre la nada, sostiene Heidegger, experimentamos pavor, y esta experiencia es nuestra mejor clave para comprender la verdadera naturaleza de la nada. Este sentimiento tiene mucho que ver con la inevitable nada que nos espera con la muerte. Si contemplamos la nada de este modo, como nuestro límite, o confín, la podemos considerar no como lo opuesto al Ser, sino como aquello que modela y define al Ser como tal

COMENTARIO EN 3 SEGUNDOS
Algunos opinan que los puntos de vista de Heidegger tienen poca sustancia..

PENSAMIENTO EN 3 MINUTOS
Puede que su discurso sea conmovedor, pero, ¿significa algo? Heidegger ha sido la víctima propiciatoria de la filosofía analítica desde mediados del siglo pasado, cuando aquellos que pretendían suprimir el oscurantismo filosófico se interesaron críticamente por sus escritos. Según A. J. Ayer, Bertrand Russell, y otros, uno se encuentra con la nada cuando trata de determinar el significado de los escritos de Heidegger.

TEMAS RELACIONADOS
véase también
PIENSO, LUEGO EXISTO
página 36

EL SUPERHOMBRE DE NIETZSCHE
página 144

MINIBIOGRAFÍAS
MARTIN HEIDEGGER
1889–1976

BERTRAND RUSSELL
1872–1970

A. J. AYER
1910–1989

TEXTO EN 30 SEGUNDOS
James Garvey

Según Martin Heidegger, bajo todo lo existente subyace la nada, la ausencia de todo, el vacío absoluto. ¿Cómo le hace sentir esto?

LA MALA FE DE SARTRE

filosofía en 30 segundos

Jean-Paul Sartre, el filósofo existencialista francés, es célebre por haber afirmado que el ser humano es siempre y en todo lugar totalmente libre. Sin embargo, nuestra libertad tiene un precio: experimentamos angustia e incertidumbre hasta el punto de ser conscientes de que somos absolutamente responsables de nuestras elecciones. El término *mala fe* (*mauvaise foi,* en francés) alude a las estrategias que utilizamos para negar la libertad que es inevitablemente nuestra. Normalmente esto implica adoptar la apariencia de un objeto inerte, de modo que podamos aparecer cosificados ante nosotros mismos. De esta manera, podemos negar que seamos responsables de nuestras elecciones, liberándonos así de la incertidumbre de la libertad. Por ejemplo, al enfrentarnos a una decisión moral difícil, puede que nos digamos a nosotros mismos que nos vemos obligados a actuar de determinada manera porque nuestro trabajo lo exige, o por la moral convencional, o por la responsabilidad que tenemos con nuestra familia. La realidad, sin embargo, es que nunca podremos escapar a nuestra libertad, ni tampoco a nuestra conciencia de ella, puesto que es inherente a la propia estructura de la conciencia. La paradoja de la mala fe es que somos a la vez conscientes y no conscientes de nuestra libertad.

COMENTARIO EN 3 SEGUNDOS

No importa cuánto insista en que no tuvo la culpa de comerse el último pastelillo; sabe perfectamente que lo hizo por voluntad propia.

PENSAMIENTO EN 3 MINUTOS

La concepción de libertad radical de Sartre es impactante, pero problemática. Timothy Sprigge ha argumentado que es biológicamente insuficiente. Consideremos una persona intoxicada con alcohol. En parte, su comportamiento obedece a los efectos del mismo en su cerebro. Sin embargo, si aceptamos que la biología desempeña un papel, ¿por qué no lo hace también en ausencia del alcohol? A fin de cuentas, el comportamiento continúa siendo una función cerebral, aunque no haya sustancias tóxicas en el torrente sanguíneo.

TEMAS RELACIONADOS

véase también

EL DEMONIO DE LAPLACE, DETERMINISMO Y LIBRE ALBEDRÍO
página 74

MINIBIOGRAFÍAS

JEAN-PAUL SARTRE
1905–1980

TIMOTHY SPRIGGE
1932–2007

TEXTO EN 30 SEGUNDOS

Jeremy Stangroom

Si tomamos otra copa u otro pedazo de pastel, ¿podemos decir que sólo estábamos cumpliendo órdenes?

NOTAS SOBRE LOS COLABORADORES

EDITOR

Barry Loewer es profesor de Filosofía y jefe del Departamento de Filosofía de la universidad de Rutgers, Nueva Jersey. Sus intereses incluyen los fundamentos metafísicos de la ciencia, la filosofía de la física y la filosofía de la mente. Es coautor, junto con Georges Rey, de *Meaning in Mind* y, con Carl Gillett, de *Physicalism and its Discontents*. Ha publicado un gran número de tratados de filosofía de la teoría cuántica, de la metafísica de las leyes y la casualidad, así como de la filosofía de la mente.

PRÓLOGO

Stephen Law es editor de *THINK*, del Royal Institute of Philosophy, una publicación de filosofía dirigida al gran público. Obtuvo el doctorado en el Queen's College, de la universidad de Oxford, y actualmente imparte clases de Filosofía en el Heythrop College, de la universidad de Londres. Es autor de varias obras, entre las que se incluyen *The Philosophy Files*, *The Philosophy Gym* y *The War for Children's Minds*.

AUTORES COLABORADORES

Julian Baggini es autor de varios libros, entre ellos *El cerdo que quería ser jamón: y otros noventa y nueve experimentos para filósofos de salón*, *Welcome to Everytown: A Journey in the English Mind* y *Complaint*. Es cofundador y editor de *The Philosophers' Magazine*. Ha escrito para muchos periódicos y revistas, entre los que se encuentran *The Guardian* y *The Herald*, y ha participado de manera regular en muchos programas de radio, como *In Our Time,* de BBC Radio Four.

Kati Balog nació en Hungría, pero completó su licenciatura en Filosofía en Estados Unidos, y en la actualidad es profesora adjunta de Filosofía en la universidad de Yale. Sus principales áreas de estudio son la filosofía de la mente y la metafísica. Actualmente está escribiendo una monografía sobre el problema mente-cuerpo y sobre la naturaleza de la conciencia, pero también está interesada en lo que significa ser la misma persona a través del tiempo y qué papel desempeña en nuestra psicología lo que pensamos sobre esta cuestión. Sigue la tradición analítica, pero también estudia el budismo, que ha influenciado sus perspectivas en filosofía. En su tiempo libre le gusta estar con su familia, leer, tocar el piano y viajar.

James Garvey es secretario del Royal Institute of Philosophy. Ha escrito varios libros, entre los que se incluyen *The Twenty Greatest Philosophy Books*, y es coautor de *The Great Philosophers*.

Jeremy Stangroom es cofundador y editor de nuevos medios de comunicación de *The Philosophers' Magazine*. Es autor de numerosos libros, entre los que se incluyen *Why Truth Matters* (en coautoría con Ophelia Benson), Libro del Año de la *Prospect Magazine*, y *What Scientists Think*. Obtuvo el doctorado en Teoría social en la London School of Economics, y actualmente reside en Toronto, Canadá.

RECURSOS

LIBROS

Ackrill, J. L. (editor)
A New Aristotle Reader
(Princeton University Press, 1988)

Aristóteles
Complete Works of Aristotle (Vols 1 & 2)
J. Barnes (editor)
(Princeton University Press, 1971/1984)

Blackburn, Simon
Pensar: una incitación a la filosofía
(Oxford Paperbacks, 2001)

Chalmers, David J.
La mente consciente: en busca de una teoría fundamental
(Editorial Gedisa, 1999)

Churchland, Paul M.
Materia y conciencia: introducción contemporánea a la filosofía de la mente
(Editorial Gedisa, 1992)

Descartes, René
Meditaciones metafísicas y otros textos
(Editorial Gredos, 2003)

Goodman, Nelson
Hecho, ficción y pronóstico
(Editorial Síntesis, 2004)

Grayling, A. C.
Wittgenstein: A Very Short Introduction
(Oxford University Press, 2001)

Hume, David
Tratado de la naturaleza humana
(Editorial Tecnos, 2008)

Kant, Immanuel
Crítica de la razón pura
Pedro Ribas (traductor y editor)
(Taurus ediciones, S.A. 2005)

Nagel, Ernest y Newman, James R
El teorema de Gödel
(Editorial Tecnos, 1994)

Nagel, Thomas
¿Qué significa todo esto?
(Fondo de Cultura Económica, México)

Nietzsche, Friedrich
The Basic Writings of Nietzsche
Peter Gay (introducción)
Walter Kaufmann (traductor)
(Modern Library, 2000)

Platón
Diálogos
(Editorial Gredos, Estuche Platón, 2008)

Popper, Karl
Conjeturas y refutaciones: el desarrollo del conocimiento científico
(Ediciones Paidós Ibérica, 2008)

Powell, Jim
Deconstruction for Beginners
(For Beginners, 2008)

Sartre, Jean-Paul
The Philosophy of Jean-Paul Sartre
(Vintage, 2003)

REVISTAS/PUBLICACIONES

The Philosophers' Magazine
www.philosophersnet.com

Philosophy NOW
www.philosophynow.org

THINK
www.royalinstitutephilosophy.org/think

SITIOS WEB

EpistemeLinks
www.epistemelinks.com/
Lista completa de los enlaces a fuentes sobre Filosofía en Internet

Guía de la Filosofía en Internet
www.earlham.edu/~peters/philinks.htm
Lista clasificada de fuentes sobre Filosofía

Páginas sobre Filosofía
www.philosophypages.com
Ayudas para el estudio de la Filosofía, entre las que se encuentran un plan de estudios, un diccionario, un programa temporal, un debate sobre los filósofos más importantes y enlaces a otros textos.

Obras completas de Federico Nietsche: filosofía general
http.//biblioteca.universia.net
Para descargar.

ÍNDICE

AGRADECIMIENTOS

CRÉDITOS DE LAS IMÁGENES

El editor desea agradecer a las siguientes personas y organizaciones su autorización para reproducir las siguientes fotografías:
Hemos realizado todos los esfuerzos posibles para localizar a los propietarios de los derechos de autor. Pedimos disculpas de antemano por cualquier omisión involuntaria; nos complacería incluir el agradecimiento correspondiente en una edición posterior.

akg: 40, 88, 104, 126, 146
Corbis: 20; Bettmann: 64